【剣道 審査員の目 ③】

【剣道　審査員の目3／目次】

本書は月刊『剣道時代』平成十七年六月号から平成十九年十月号まで連載した「審査員の目」を一冊にまとめたものである。単行本化にあたり、タイトル、小見出しは一部変更した。

機会に応じて溜めのある一本を打つこと

長野武大 範士

ながの・たけお／昭和3年11月14日、兵庫県生まれ。父長野充孝（剣道範士九段）より4歳から剣道の手ほどきを受ける。旧制鷲城中学校卒業後、海軍航空隊、国鉄を経て、陸上自衛隊に定年まで勤務する。全日本選手権大会、全日本東西対抗、国体、都道府県対抗、明治村剣道大会、全国自衛隊大会などに出場。現在、㈶兵庫県剣道連盟審議員、同師範。昭和56年剣道八段、平成元年剣道範士。

着装、礼法は適切で美しい構えになっているか

審査は最初の礼から終わりの礼までの「剣の理法」の修錬を基礎にした稽古ができているかを総合的に評価しています。段位が上がるごとに美しく風格があり、強くなければなりません。

まず着装、礼法をおろそかにせず、立合位置から相手を注目し、蹲踞するにも風格と重みがあることが大切です。着装の乱れが心の乱れに通じ、心の乱れは技の乱れとなります。

袴に関していえば、前が上がり後ろが下がっているものは間が抜けた感じがします。また剣道着の背中がふくらんでいると、だらしない雰囲気となり、気持ちの上でも悪影響をおよぼすと考えています。

面紐の長さに関してもきちんと整っていない人が少なくありません。六段以上の全国審査を受審される人でも目につきます。剣道着、袴や剣道具をしっかりと身につけていることは

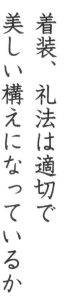

当然のことといえますが、審査の場だけでなく、普段からきちんとした着装を心がけたいものです。

次に、立ち姿です。相互の礼から帯刀して蹲踞、この蹲踞のときもしっかりと重心を下ろし、すっくと立つこと。ごく自然に、普段と同じ動作が、その人の剣道に取り組む姿勢として表れてくるものです。

構えは盤石で「さあ行くぞ」「どこからでも来い」「一歩もなかに入れないぞ」の気迫、気位があることが大切です。高い段位になるにしたがって正しい剣道、強い剣道、高い水準の剣道が求められますが、見せかけだけの姿、形、構えでは審査員の心には響きません。長い年月、一所懸命に精進努力されてきた方の立ち居振る舞いにはなにか感じるものがあります。正しい間合での気と気の攻防のなかに自然に見られる気位・風格に審査員は引き込まれ、受審者と同じ気分で審査にあたるものです。

一方、相手の構えを瞬時に察知し、見いだすこと（観見の目付）が求められます。構えは自分の城です。自然体で、左足のひかがみは伸ばし、重心を下半身に置き、気力を充実して丹田に力を入れ、肩の力を抜き、竹刀の握りは柔らかく、剣先に威力をもたせ、左手左腰に留意し、自己の修行に安定した美しい構えを発揮することが大切です。

高段者にはそれぞれ段位にふさわしい剣道修錬の理想像が求められると考えています。とくに構えには美しさ、力強さが兼ね備えられなければならないと思います。無理無駄のない動きができるように自然に備わったものでなければなりません。それは一朝一夕にできるものではなく、正しい稽古を長年にわたって弛《たゆ》まず修錬してきた結果により、「風格・品位」というものがいつのまにか備わってくるものです。

これらは平素の稽古のなかで培っておかなければ容易なことではありません。審査は、始めの第一印象が肝心です。立った瞬間に審査員の心に響くような着装、礼法、構えであるかを日頃の稽古から心がけることが大切でしょう。それらは剣道の技量と比例して、地道に修行していると、その足跡が自然と表れてくると考えています。見せかけの着装や構えは、その受審者そのものが見せかけとなってしまいます。

構えの隙、動作の隙、心の隙を打て

「打突の機会」は、「起こり端」「受け止めたところ」「技の尽きたところ」「居ついたところ」

を逃さず、石火の機で打つことが大切です。石火の機とは、気合が充分で寸分の油断もなく、満を持していれば、相手の動きにしたがってたちまち技を発動して勝ちを得るという意味です。

間合と間の問題において、年齢に応ずる一足一刀の間から、攻防の攻め合いにより攻め勝って、ここぞといったところを思い切って気剣体一致の捨て身で一撃必殺の打ち切る迫力ある打突をしなければなりません。

相手に変化が起こったら、その機を逃さずに打たなければなりませんが、ただ打つ、当てるのではなく、打ち切った迫力が必要です。打つと打ち切るとの違いを言葉で説明することは困難ですが、そのような覚悟をもって修錬することが求められると思います。

打つべき機会は、相手の隙です。隙には構えの隙、動作の隙、心の隙の三つがありますが、会心の一本につなげるためには、これらの隙をとらえることが大切です。

審査では、主として仕掛け技の大技が見栄えするものです。しかしながら、一本打ちばかりでなく、応じ技を加えた千変万化に応ずる、溜めのある重厚円熟した技があれば、審査員は唸るでしょう。仕掛け技を打つ、決めるという気持ちが大きすぎると、技を発するまでの大切な間合の駆け引き、打突の機会の探り合いなどがおろそかになってしまうものです。先の気持ちはもちろん大切ですが、機会に応じて技を出す意識を常に持ちたいものです。剣道は対人動作であり、相手があって成立するものですので、相手との攻防のなかで技をつくっていくことが大切です。

一見、攻めてはいるが、打突の機会と思われるところで技が出ないのみならず、相手が打ってきたのもただ受けるのみでは機会に応じているとはいえません。攻めて相手に隙が生じたら打つ、あるいは打ってきたらさばいて打つことを身につける必要があります。

相手に打たれることを恐れてはいけません。相手を恐れず、常に気で攻め、打つべき機会を作り、機をみて身を捨てて打ち込むことは、剣道の極意でもあり、これは日頃の稽古によって自得すべきことだと思います。

私は二十七年間、定年まで自衛隊におりました。勤務地は、北海道、東京、茨城、京都、大阪、岡山、福岡、兵庫の各地を歩み、勤務場所が師団司令部等のため、各部隊の指導や検査などに回る機会が多く、そのときには必ず剣道具を持って、部隊や各地の剣連などの稽古場所を探し、出稽古に充実した日々を送り、北海道、関東、関西、九州の各先生方の剣風の指導を受けたものです。行く先々で、亡父（剣道範士九段長野充孝）をよく知っており、懐かしがられると同時に、懇切丁寧に教えていただきました。若い時期は稽古に不自由せず、「一に稽古、二に稽古、三、四がなくて、五に稽古」という言葉どおりで、体で覚え、数でこなし、理事一致に邁進したものです。

剣道形の審査ではここを見ている

最近、実技合格しながら形審査で不合格になっている人が散見されますが、日本剣道形は、竹刀剣道とは車の両輪、鳥の両翼といわれ、形を稽古することによって、剣道の基本となる、手足のさばき方、気合、間合、呼吸、打突の機会を修得し、剣道の理合を知る重要性があります。

形は各段位に応じて風格がなければなりません。ただ所作だけ間違えなければよいと思っている人がおりますが、六段以上ともなれば、とくに緩急強弱、一拍子で理合のある形であるかを見ています。少々細かいことですが、私は次の点を見ております。

●太刀の形

一、構えを解く（剣先を下げる）刀身の高さ

一、五行の構え、上段の角度、下段の高さ、八相の構えの角度、脇構えの高さと刃の向き

一、二本目の仕太刀の抜いたときの剣先の高さ
一、三本目の打仕太刀の突いた腰の入れ方と打突部位
一、四本目の打太刀の突いた位置、仕太刀の巻き返し方
一、五本目の打太刀の打ち下ろしはあごまで、のち死太刀になっているか
一、六本目の仕太刀のすり上げ小手
一、七本目の打太刀の捨て身で打ったあとの目付と仕太刀と合わす場合の右足基準に左足を引いているか

●小太刀の形

一、小太刀を構えたときの左手の位置、木刀の場合、親指が後ろ、刀の場合は親指が前か
一、一本目、二本目とも仕太刀は拳を頭より高く上げて受け流しているか
一、二本目の打太刀は一拍子に脇構えから正しく上段に振りかぶり、まっすぐ打ち下ろしているか
一、三本目仕太刀のすり流し方、及び残心後の左足から戻っているか

これらは『日本剣道形解説書』の形の指導上の留意点、審査上の着眼点を熟読吟味して理合のある生きた形を、重厚性のある正しい形を平素から修錬し、竹刀剣道に活用していただきたいと思います。

しらさぎ剣友会では平素の稽古から日本剣道形に取り組んでいます。週一回ですが、その稽古で剣道の重点項目である姿勢・構え、風格、呼吸などを勉強するようにしています。

勝って打つ一本を求め続けること

藤井　稔　範士

ふじい・みのる／昭和16年7月22日、北海道生まれ。13歳より故菅原恵三郎範士より剣の手ほどきを受ける。旭川南高校を卒業後、同35年に北海道警察に奉職。警察大学校本科卒業後、同60年に北海道警察剣道師範となる。平成15年3月退職。世界選手権大会、全日本選手権大会、全国警察官大会、全日本東西対抗、明治村剣道大会などに出場。現在、㈶全日本剣道連盟常任理事、北海道剣道連盟副会長、北海道大学剣道師範、北海道警察剣道名誉師範。平成3年剣道八段、同14年剣道範士。

『称号・段位審査規則』等をよく理解しているか

剣道の称号・段位制度は、剣道の奨励と発展に役立たせていくための一方策であります。平成十二年には、全日本剣道連盟（以下全剣連という）の称号・段位規則が改正され、〈段位は「剣道の技術的力量（精神的要素を含む）」、称号は「これに加える指導力や、識見などを備えた剣道人としての完成度」を示すものとして、審査を経て授与されるものとする〉と、その性格が明確にされました。規則第十四条（付与基準）で具体的基準が明示され、審査員と受審者の双方に通じる、段位の客観的な価値判断が明確となり、公正かつ妥当な審査が行なわれるようになりました。どのような点に着目して審査を行なっておりますか小生の考え方を申し上げます。

『称号・段位審査規則』第十四条（付与基準）に〈八段は、剣道の奥義に通暁、成熟し、技倆円熟なる者〉と示されております。国語辞典（広辞苑、角川日本語辞典を参考）によりま

すと、
・奥義は、極意
・通暁《つうぎょう》は、くわしく知りさとること
・成熟は、物事が充実した時期に達すること
・円熟は、十分に熟達して、ゆたかな内容を持つに至ること
と説明されております。

また、『称号・段位審査実施要領』（段位審査の方法）では〈六段ないし八段の実技審査は、初段ないし五段の着眼点に加え、①理合、②風格・品位について、さらに高度な技倆を総合的に判断し、段位相当の実力があるか否かを審査〉します。このように付与基準などの八段位は、高度の内容である事（わざ・技法）と理（理合・心法）の一致が要求されるのでありましょう。これらのことから剣の道に励まれる方は、日常の稽古において真剣に目標を高くお持ちになり、精進されることが重要であり、八段を突破される問題のカギであると思われます。
一、八段・専門家としての肚《はら》をつくる
二、素直な気持ちの堅持（頑固な心を取り除く）
三、言い訳をしない（教えられているという感謝の気持ち）

四、平素から見せ場をつくる稽古をする（相手を使いこなす）

私が八段を受審するにあたって基本的な心構えとして右記の四項目を挙げて稽古に励むようにしました。八段は剣道家として最高の段位です。簡単には合格することはできないと肝に銘じ、審査に向けての重点項目を自分でつくりました。この四つの項目をいつも頭に入れ、日常生活から剣道を意識するようにしていました。

竹刀を短く切り、部屋の中でも竹刀を振れるように置いておき、常に手の内の感覚を忘れないように努めました。この行動が昇段審査にどれだけ有益だったかはわかりませんが、常に剣道を意識できたと思います。

丹田を鍛えて剣道の肚をつくっているか

相手の動き、攻めに対し、動じない肚ができているか。肚のできていない人は、相手の攻めに即座に反応し、手元が絶えず動き、心の動揺が見受けられます。剣道の四つの心の病である四戒（驚、懼、疑、惑）が生じ、心の平静が乱れ、打ち込める隙があっても、それを見いだすことができません。その反面、自分に隙が生じて相手から打ち込まれます。修行によって、この四つの心の病を取り去らなければならないと思います。

物事に動じない心、冷静に正しく判断できる不動心を平素から養う必要があると思います。腹式呼吸法を継続して行なうことにより克服できますので、小生はお勧めします。腹式呼吸を行なうことによって丹田を鍛え、不動の心を養い、剣道の肚をつくることであります。言い換えれば相手の攻めに対して、いかなる場合にも心が動かない肚をつくり上げることです。

腹式呼吸の方法は、静かに口から息を長く吐き、臍下丹田に意識を持ち、その後、静かに短く速く、鼻から息を吸うことです。腹式呼吸が脳神経に働きかけ、セロトニンが多くなり、心が落ち着くことが証明されております。

私の腹式呼吸は、全剣連主催第二十四回剣道中堅指導者講習会（昭和六十一年七月二日〜六日、柳生正木坂道場で開催）の際、橋本紹尚芳徳禅寺住職から直接ご指導をいただきました。当時、小生は四十四歳でありましたが、それ以来難しく考えないで実践しております。

このように丹田呼吸法の方法は単純で難しくはありませんが、毎日継続し実行することが難しいのです。どうぞ毎日根気よく五分でも十分でもよいですから、日常の通勤時間を利用されても結構ですから続けていただき、剣道の肚をつくっていただくことを願うものであります。

私は、呼吸法を通勤時などで訓練するようにしていました。たとえば徒歩のとき、一回息を吸ったら次の電信柱までゆっくりと吐き続けます。訓練した当初はすぐに苦しくなってしまいましたが、毎日少しずつ続けていくとだんだん楽になってきました。また、車を運転しているとき、バスに乗っているときは、一回息を吸ったら電信柱五本ないし十本分吐き続けてから吸うようにしていました。

このように呼吸法はいつでもどこでも訓練することが可能です。実行することが難しいともいえますが、この呼吸ができるようになると稽古が変わります。

私は稽古や試合の折、蹲踞に入る際、ゆっくりと息を吐きながら腰を下ろすようにしています。さらに息を吐きながら腰を上げます。この一連の動作で溜めをつくるように心がけています。

限られた時間内で自分の絵を描いているか

八段の実技での立合は、一次審査二名と二次審査二名の相手四名と対戦しなければなりません。その結果、評価が下されるため、受審者は高い目標を立て、日常の稽古において、

・苦手な人、いやなタイプの人を選ぶこと
・妥協することなく、創意と工夫を怠らないこと
・基本を忠実に守り、正しい姿勢を堅持すること
・打突の機会を重視した気攻めに徹すること

などを注意しながら努力され、審査会に臨んでいるものと思われます。汗と血の滲むようなご苦労に対し頭が下がり、敬意を申し上げたいと思います。

平素の厳しい稽古を乗り越え、受審日を迎えられましたが、立合の時間は限られており、この限られた時間内でどのように自分の剣道を表現するか、表現できたかが合否の分かれ目

だと思われます。いわゆる自分の立合を絵にしなければなりません。

・剣道の極意は、相手を気で攻め、相手が苦しくなり出るところ、退るところを身を捨てて打突すること

・八段の立合は手の内を見る

・打った本数ではなく、中味の濃い内容でまとめること

・相手に対し、敬う気持ちを忘れることなく卑《いや》しい立合はしないこと

小生の師匠でありますが菅原恵三郎範士九段から右のようなご指導をいただきましたことを今、改めて感謝しながら思い出しております。

菅原先生は大正十五年に剣道修行のために上京し、高野佐三郎範士の修道学院に内弟子として入塾しました。のちに高野先生の養子茂義先生の教えを満州国大連で受けますが、茂義先生から「菅原君、力ではないよ、勝って打つことだよ」と言われたそうです。勝って打つとは、精神力で相手を制圧したあと、その虚を打つことです。剣道修行の要諦ですが、実際にはなかなかできるものではありません。

しかし、審査ではここをめざさなければ審査員に響く一本を出すことはできません。平素から勝って打つ稽古を心がけたいものです。

具体的な事柄を加えますと

一、無駄打ちをせず、溜め、打突の機会を重視すること
二、蹲踞して立ったら「さあ、どこからでもこい」の気持ちを心がけること
三、〝なせばなる、なさねばならぬ〟の気持ちに徹すること
四、無心に徹すること
五、いかなる場合にも油断をしないこと
六、剣道は美の追求であること
などを総合的に肝に銘じて、稽古、立合に臨んではいかがでしょうか。

絵画展、書道展に出品する作品は、作者の考えを表現するポイントがあるとお聞きしております。剣道の審査もこれらの作品と同様で、立合を絵にしなければならないと思います。絵になり完成された立合は、審査員の心に感動を与え、それが合格に結びつくと思われます。

審査員は剣道の理念に基づいて厳正、公正かつ適切に審査を行なっています。真剣な姿で高い目標に向かって剣の道に取り組んでおられます受審者の成功をご祈念申し上げます。

自分主導になること
自分本位にならないこと

中里　誠　範士

なかざと・まこと／昭和12年11月21日、茨城県生まれ。昭和29年、高校史学教諭で示顕流研究家の河野辰男（剣道六段）のすすめで剣道を始める。土浦第三高校卒業後、茨城県警察に奉職。県警師範の山部信行（武専出）、中村広修範士に指導を受ける。選手を経て、剣道首席師範をつとめ、平成10年退職。その間、全日本選手権大会、国体、都道府県対抗、全日本東西対抗、明治村剣道大会などに出場。現在、茨城県剣道連盟副会長兼理事長、全日本剣道連盟評議員。平成2年剣道八段、同10年剣道範士。

偶然の打突と必然の打突の違いを理解しているか

唐突な例題ですが、剣の理法に適った本物の剣道を求める上で大事なことは、偶然と必然の打突、彼我の間合、自然呼吸と意識呼吸、竹刀と木刀等々限りなく生じてくる相対的違いを修業段階で正しく理解していることは、単に実力向上に役立つというだけでなく、立合等においても迫真力をもたせ、説得力のある表現が示せることとなるはずです。

昨今の稽古環境は、時代の推移とともに師弟関係にも濃淡を感じさせ、良師のもとで守破離の道を邁進するといった姿で本物探しをする光景が少なくなったように感じます。

古来、伝統的に育まれてきた、見取り能力、聞き取り能力、読み取り能力といった個々の成長には欠かせない能力開発が脆弱《ぜいじゃく》となり、さらなる求める意欲の高揚と咀嚼《そしゃく》能力を身につけることが強く望まれます。

八段受審者でも、六段、七段と昇段してきたことで自分の力量に満足しているわけではないのでしょうが、本物を身につける（見つける）ためには、直面してくるさまざまの問題や課題に対して本質的違いを発見し（気づき）、追求していくという修業態度が必要です。

多彩な学び方から何を選択するにせよ、全体を俯瞰《ふかん》する目と柔軟な心を持つことは、気づき力を養う上での基本だと思います。

剣道以外の分野からでも情報やヒントを得て、成長の糧とすることも大切ですし、感動する心や時間の使い方も大切です。問題意識を持った人同士の意見交換は違いを知る上で大変役立ちます。

私も修業過程ではアキレス腱を二度も切るなどの外傷からはじまってあらゆる疾患を体験しましたが、目標（夢）から遠ざかって回り道をすればするほど、踊り場に身を寄せれば寄せるほど、自分のあるべき姿が静かに見えてきたように思えます。ただ常に言い聞かせていることは、百パーセント全力で頑張りすぎないこと。「いい塩梅」という教えがありますが、違いの変化の兆候を、ゆとりをもって見逃さないためには、常に発想力を豊かにして、旺盛な勘と好奇心を働かさねばならないと考えています。本物の剣道を素通りさせないための秘訣は一人ひとりの上達したいという素朴な向上心と気づき力に宿っているはずです。

その点、私が体験してきた書道とか囲碁の世界では、まさに本物の学び方を、身をもって体験させてもらいました。

日常のあいさつ程度の筆法を学べればと四十の手習い気分で入門した書道塾でしたが、安易な気持ちはいとも簡単に一蹴され、最初の作法から墨汁を避けて「墨磨り三年」を徹底され、あわせて日展や院展の鑑賞会を早くから実行し、書芸の奥深さと、観の目を養うための指南を受けたことは貴重な体験でありました。

同様の厳しさは囲碁の世界でもありました。私も乏しい実力でありましたが、見取り稽古から伝わることは、驚くことばかりです。初・二段クラスになりますと、終局後、盤面に打ち込んだすべての石を元に戻して最初の一手から打ち直して互いに研究しあうという優れた能力を身につけていることです。

勝負の世界で本流に入ろうと強い意志力で日夜研鑽を重ねている棋院生には、その定石（構造）を正しく理解し、組み立てと分解能力を備えているものだと感心しきりというところです。剣道でも「スーッと入ってポンと打てばいい」といわれますが、どんな状態で打っているのか、きちんと説明できるほどの分解能力が備わっていないと再構築もできないのです。賢者と愚者（私）の違いはこんなところにあったのです。

八段の評価でも同じような観点からとらえることができます。

今回はずいぶん数をかけてきた。本気で稽古を続けてきた。いい技が出た。などと言われながら、しかし結果（評価）が出ないとなると、どんな心で取り組んできたか、心のありようを謙虚に振り返る（分解する）必要があるのではと思います。

技や相手のタイプの好き嫌い、自己中心の考え方、学ぶポイントに気づかない（気づこうとしない）など、心・技・体の充電不足や目的意識の甘さといった自分中心の問題として問い詰めていくと、あぶり出しの絵柄のように答えは徐々に見えてくるはずです。

「何が本物なのか」と、どこまでも問い続けてほしいのです。本物を求めている（つかもうとする）意識の高い集団に身を置くことも上達への近道といえるでしょう。お互いが他人の力に依存するのでなく、八段に合格した後の責任と役割を創造しながらたゆまぬ向上心を継続するところに成長のポイントがあるように思います。合格した後のウイニングランというものがないまま、ただ受審資格を得たから受けるというのでは、百年河清を待つようなものです。

大切なのは資質ではなく、夢や目標に向かって必死に立ち向かう姿勢と態度にあるのです。失敗の中には、次につながるものがあるわけですから、それを拾うか、拾えないか。私たちはまさにその岐路に立たされているといってよいでしょう。

打ち合いよりも攻め合いを見る

八段審査は修業の深さと相まって多年にわたって積み重ね、凝縮された人間力の闘いといえるでしょう。

僅か数分の立合とはいえ、小川のせせらぎ、竹林のささやきから始まって、激動の中洲を経て、梵鐘《ぼんしょう》（余韻）に至る筋道は舞台劇にも通ずるやり直しのきかない真剣勝負となるわけです。

八段位の実力には、「称号・段位規則」が示すとおり、剣の理法の本質に照らして、その中核に分け入る使命と役割を求めており、まさに台本から脚本、そして演出、構成まで他人の援助を受けることなく、自分主導で取り仕切る総合力を持ち備えていなければなりません。

ですから描いている構図も、常に心・気・力を一致させた状態から、機会をとらえた完璧な打突と残心への動線が渾然一体《こんぜんいったい》となって表現されることが望まれているのです。こうした状況下で、剣道の魅力とされる相手方との触刃《しょくじん》を通して先《せん》の取り合いは、気の集中を高めていく心と心の錬り合いから緊張の場面を醸成していくという最高の場面に凝縮されていくはずです。

無理な打突を抑え、呼吸を調整しながら、一方では旺盛な気力を丹田に収めておくことは、動じない心を育むだけでなく、剣道の正しい修業観を形成する上で大切な要素となります。

何かに執着する立合は、攻防の勢いを塞《せ》き止めてしまいます。自然からの教えは、自己主張もないし、無駄もありません。何ひとつ隠すことなく、楚楚《そそ》として自然の循環をくり返している摂理を考察しますと剣道での真の立合は、まさに生かされて生きる調和のとれた活人剣の所作事の中にあるような気がします。

茨城県では、これまでに高崎慶男範士を筆頭に、全国的に多くの高齢者八段を輩出し、今なお矍鑠《かくしゃく》として活動している背景には、当時の審査員からも上手に遣う剣道、枯れた剣道と高い評価を受けていた心の錬り上げが動中静の表現力にあったからだと拝察します。それぞれの八段には多彩な趣味に興じ、幅広い人脈との交流を深めながら一方では万物を愛する慈悲心と際立つ求道心を日々の生活に織り込んで清清淡淡と精進を続けています。なかでも若い人たちの見せかけの速さや、虚飾の所作事にはまったく眩惑されずに、上体のぶれない安定した立ち姿で振る舞う後ろ姿には刻まれた心の年輪を感じます。平成十七年には、本県第一回の生涯（高齢者）剣道大会の企画運営にも参画され、多大な成果を収めるなど、八段取得後も変わらぬ情熱と行動力には憧憬《どうけい》の念を抱きます。

こうした先輩からの活力を肌で感じながら、私にとっても心休まる束の間の居場所が風薫る京都にあります。二代水戸藩主徳川光圀公から京都龍安寺に寄進されたという「吾レ唯ダ足ルヲ知ル」の蹲踞《つくばい》と石庭の前で、しばし瞑想にふけるひとときや、薄灯りに照らし出された武徳殿で円熟した剣風を拝見する三日間。そして張り詰めた雰囲気の中で静寂さを包み込むように次々と展開される、気と気、剣と剣の厳しい競り合いから未発の兆《きざ》しを感じながら観戦し続けてきた八段審査会などは動中静の素晴らしさを再発見した場所でもあり、人生のよりどころとして今なお生き生きと輝き続けているところです。

歩合で負けない稽古を心がけているか

八段審査における剣道界の期待は、日本剣道の普及発展に将来を託するにふさわしい人、言い換えれば最高段位の指導者としてその能力と役割を存分に発揮してくれる人の発掘にあると思います。

しかし、受審後に流れてくる会話の中心は、打突の巧拙や有効打突に関する指摘に執着し、審査会の「付与基準に基づいた着眼点」に示された、風格や品位についての反芻《はんすう》までは行きつかないようです。気を留めないわけではないのでしょうが、このことが容易に言い表わし難いだけに自己検証を遠ざけてしまうのかも知れません。

しかし、二十一世紀の剣道を価値あるものとして発展させていくためには、まさに剣道修業の充実期にある八段受審者が率先して不易流行を分別し、重厚な剣道を後世に伝播《でんぱ》していかなければならない責任にあることを自覚しなければなりません。

強さやうまさを段階的に身につけてきた高段者にとっては、さらにこれを凌駕《りょうが》した内面的な心の美しさを表現することが強く望まれます。

風格や品性は強いて備えようとしても備わるものではありません。また、外見を備えたところで精神が欠けていれば真の品性は備わりません。根本は心を正しくし、高くし、深くし、真剣になることであり、花の香りのように、その人の人格から自然に発するのが本当の品性、本当の風格といわれています。

剣道の修業でも、これらの状態を滲み出すためには、単に剣の理法を研鑽するだけでなく、人間的にも幅広い造詣《ぞうけい》の深さを身につけなければならないと考えています。

その私が剣道人生で大きな岐路となったのが斯界最高の先生方との出会いでした。昭和四十八年（三十五歳のとき）一年間、警察大学校の剣道術科指導者養成課程で八名の同期生と寝食を共にしたときでした。

中野八十二、滝澤光三、伊保清次、中村伊三郎、長島末吉といった先生方でした。

それぞれの先生方からは古典や古流、本物の術理まで、連綿として受け継がれ築かれてきた我が国武道の本質をあらゆる角度から教授されたほか、「業を破って心に至る」修業の尊さが、やがて胆力づくり、人間づくりの底流になることを力強く教示されました。今にして思えば、これらの体験が、私のその後の剣道人生を育む上で貴重な動機づけとなったといっても過言でありません。

このように厳しい修業の過程は一段階十年かけての陶冶《とうや》を図りながら、三重、四重と積み上げて「奥義に通暁、成熟し、技倆円熟」（称号・段位規則）するという八段突破を図るためには、多くの課題を克服することが求められることとなります。

そのためには大局観として「初年には技を習い、中年には気を錬り、後年には位を学ぶ」とした発達段階に応じて内容を具備充実していくという剣の奥深さを立合の中で表現できるよう構想（夢）を描きながら精進したいものです。

私自身、永いお付き合いをいただいている青木彦人範士（大分）の日本剣道形は、極致をきわめた、まさに迫真力ある演武として拝見しているところですが、これこそ薫り高い気品と存在感の伝わる風格と思い、今なお相互啓発を続けているところです。

このように信託された八段は、単に打突の響きだけでなく、心の端正さに裏打ちされた全人格の発露が示されることとなれば「勝負に負けても、試合内容（歩合）で負けない」という至言の形が伝わるものと確信しています。

私たちも、これからの修業目標（昇段審査）は、剣の理法を全うしながら「位の成熟」「格の違い」の実現をめざして、たとえ詠み人知らずとも、精神文化の伝承者としての役割を果たすべく高遠な道程を歩みたいと念じています。

審査員の心に写る修業態度が備わっているか

田中信行 範士

たなか・のぶゆき／昭和13年9月20日、京都府生まれ。中学1年から大野熊雄の講武会道場で剣道を始める。昭和32年東山高校卒業後、同33年京都府警察に奉職。歴代師範の宮崎茂三郎、大森小四郎、田中知一、黒住龍四郎、小川政之、杉江憲、堀田辰雄、松岡忠次、丸田雄生、井上晋一各先生に指導を受ける。剣道特練を退いてからは警務係長、庶務係長などを経て、平成10年退職。その間、全日本選手権大会、全国警察官大会、全日本東西対抗、国体、明治村剣道大会などに出場。現在、京都府剣道連盟副会長兼常任理事、滋賀医科大学剣道師範。昭和63年剣道八段、平成8年剣道範士。

厳しい修業から得る一技千本の覚悟が技の習得につながる

審査等を見させていただくと、あまり自分が稽古をせずに審査資格がきたから受審されるといった雰囲気の受審者が増えてきているのではと感じています。姿勢態度からあきらかに稽古不足が見て取れる方がいます。経験を積むのは悪いことではありませんが、仕事でも勉強でもダンドリが必要なのと一緒で審査にも下準備が大切です。

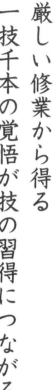

稽古を終えて「なにかアドバイスをお願いします」と先生や先輩方に聞いて、頭で考えて稽古ができる、またできたと思っておられるのではないでしょうか。しかし、稽古は身体でするものであり、理論的な裏づけは身体で覚えてこそできるものです。

私の修業時代は、先生から細かく教えていただいたことなどありませんでした。先生や先輩の稽古を見て学ぶか、見て盗む（いまでいう見取り稽古）しかありませんでした。ただ切り返し、掛かり稽古の連続で目の前がまっしろになり、意識がもうろうとするまでくり返しました。その上、気力に欠けたり、姿勢が崩れたりすれば容赦なく突かれたり、左右に流されたりして鍛えられ、ただ前へ前へ打ち込む毎日でした。

何事も人より秀でるためには人の見ていないところでの努力が必要なのではないでしょうか。私も稽古の量が減ったときに一人で鏡の前で木刀を持っての素振り、打ち込み、足さばき、ジョギング等を生活の一部として（なかなかむずかしいことですが）これらを取り入れ続けてきました。

皆さんにいえることは、あと一歩の努力、精進を苦しいですが、がんばっていただきたいということです。先生によくいわれました。

「食事のとき、右手に箸を持ち、左手に茶碗を持って、箸でご飯をつまんで自然に口に持っていくだろう。めったに目や鼻に持っていかないだろう。剣道の竹刀操作も同じだ。自然に竹刀操作が自由自在に扱えるように稽古に稽古を重ねなければ駄目だ」

マラソンランナーが42・195キロメートルを走り抜けるために、これと同じくらい走ってから早い時点に死点（必ずくる苦しい限界ぎりぎりの山を乗り越える。剣道でいう〝無の境地〟）をもっていくように調整して、完走するように、剣道も同様、苦しくて、つらい稽古を続けてこそ、目的が見えてくるのではないでしょうか。

これらを踏まえて、百錬自得、一技千本（一技を自得するためには千回の稽古をしなければ会得することができない)、汗を流し、涙を流し、血を流してこそ、各自の持っている素晴らしい技が発揮されるのではないでしょうか。

また、このような厳しい稽古の結果が、左記に挙げる審査の重点項目をつくりだしていると考えています。

・充実した気迫(攻めを含む)
・正しい刃筋の通った打突
・気剣体一致の打突
・機会を捉え、身を捨て切った打突

これらすべての高度な技倆を総合的に見て合否を判断させていただいております。

左半身の安定で得る体に合った足幅を身につけているか

剣道の根本は「左手・左足・左腰」といわれているように、左半身の有機的な連携が剣道

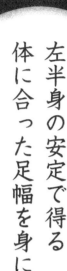

の基礎をつくります。この左半身をしっかりつくったのちに相手と対峙し、攻防においても、その体勢が維持できなければなりません。左半身の安定が構えの安定となり、そこから会心の一本が生まれるのです。ここでは「左足」「左手」「左腰」に分けて留意点を述べてみたいと思います。

左足については、立合から三歩出て蹲踞して自然に立って構えた姿が各自の体に合った足幅となっているでしょうか。自然体で構え、左足がきちっと定まっていなければ、たとえ手の内の冴えで打ったとしても本当の有効打突とはいわないし、本当の意味での打突をすることもできません。

「斬る剣道をせよ!」といわれますが、腰が充分に入らなければ正しく打ち切ることはできません。その腰の入った打ちを身につけるには足幅が重要です。広くても狭くてもいけません。各自の身体に合った足幅であるか。この足幅を理解していると自由自在に動け、どのような変化にも対応ができることになります。また、打突の機会をとらえて気剣体一致の打突もできます。常に足幅が定まれば腰も安定し、丹田にも気が満ちてきて自然に構えも安定することになります。

次に左手ですが、まずはむやみに動かさないことを心がけたいものです。高段位をめざすのであれば、なお目標とすべき課題と考えています。

左の握りは、下腹部臍《へそ》前より約ひと握り前に握り下げた状態で小指は柄頭に少し掛け、左手親指の根元の関節が臍の高さ、左拳は臍より少し低い位置になるように構えるのが基本です。個人差はありますが、このときの握りには寸分のすきまもなく、柔らかく握る必要があります。

左腰に関しては、つまるところ左足をぐっとまっすぐにして腓骨《ひこつ》を伸ばせば腰が入ります。腰を入れるとは、腓骨を伸ばすことです。ここが納まると前に出るときに無理なく重心移動ができるようになります。左足で右足を押し出すようにすればよいのです。腰が入ると肩の力が抜けます。これが自然体です。腰から下が安定し、腰から上が柔らかくなるはずです。

高い緊張がともなう審査で自然体を維持するのは難しいものです。左手が動くのは、相手の攻めに対して心に動揺があるからです。心を動かさないためには、呼吸を乱さないことになりますが、呼吸法といってもそう簡単にできるものではありません。

私も本を読んだり、人に聞いたりしたことを自分なりの我流で平素の生活の中や電車等の中で行なっております。しかし、うまくいかず顔を真っ赤にしながら、また周囲に気を使いながら取り組んでいます。いつでも、どこでも気づいたときに行なっていますが、続けることのむずかしさを実感しております。

剣道では「苦しくて動けなくなってからの一本が大事」といわれております。これを思い出しながら、日々の呼吸法を行なっております。日々の積み重ねはすごいもので、少しずつではありますが、心が定まったような気がしております。

私はこのような受審者の内面的な「心」の面や修業を積み重ねてこられた方しか発揮できない面も併せて（苦労されて稽古された方は自然に動作等ににじみ出てくるものです）拝見させていただいております。

【謙虚な気持ちで得る礼法・所作も審査の対象と認識しているか】

この頃の若い人を見ていると、非常によい素質を持っているのに、もうあと一歩、努力すれば強くなるのに努力しない人を見受けることがしばしばあります。人間は弱いもので、もうあと一歩の努力をしない。苦しみや、つらい稽古から逃れるし、求める稽古をしない人を見受け、惜しいなあと思っています。

最近の稽古は体育館等で稽古を行なっている関係か、道場に入っても、正面や上座に「礼」

をせず、道場内に出入りしたり、道場内で先生、先輩、同僚との「礼」や「挨拶」もせずに平気で話をしている姿を見かけることが多い。稽古を行なっても自分が「よい」と思いこんだ打突を強調し、「どうだ！」という態度を表わすタイプ、子ども、女子、高齢者など弱い者に対しても勢いよく、体ごと当たって打ち込み、体勢を崩したところを打ち込むタイプ、相手をまったく無視した自分中心の稽古になっている方もいます。

また、自分が打たれたことが頭にきて、「礼」もそこそこに元に戻ってしまうという相手を思いやる稽古などまったく感じない、後味の悪い稽古が散見されます。稽古のあとの「ありがとうございました」と素直な気持ちになることができる「心」が大切です。「打って反省、打たれても感謝」の気持ちを忘れないでほしいと思います。

「黙々稽古」と日々何本あるかわからない、相手の心をとらえた〝会心〟の技を求めて謙虚な気持ちを持った稽古を続けていただきたいと思います。

このような気持ちで精一杯努力する人は何歳になっても伸びるものです。また、このような稽古を一人でも多くの人が続けていただくことを期待しております。

かつてＮＨＫで『心で闘う一二〇秒』が放映されましたが、ものすごい反響がありました。剣道を知らない一般の人からも、「八段を受審するということは、すごいことなんですね！」と何回もいわれました。八段の重みを再確認した次第です。また、石田健一先生の内面的な心の重圧たるや、すごかっただろうと感服しました。石田先生のように、一生懸命、なにもとらわれず、日々黙々と謙虚な気持ちで修業を重ねてほしいです。

このような気持ちは審査員の心にも写るものです。会場内での受審者の態度は、その表情から伝わってきます。これから自分の剣道を見てもらうという覚悟がある人は隙がありません。充分な稽古を重ねている人は風格、自信が所作や態度からにじみ出ているのです。そのような人は着装においても自分の背格好に合わせたものを身につけ、よそいきではない、品位を感じさせます。

礼法からも重厚さが伝わってきます。相互の礼から帯刀して蹲踞、この蹲踞のときもしっかりと重心を下ろし、すっくと立ち上がる。ごく自然に、普段どおりの動作ができています。

審査では、審査員の心に響く一本を打つことはもちろん必要です。しかし、心に響く一本は、立合以外の礼法や所作、着装など、さまざまな要素から構成されています。よって、立合以外の礼法や所作、着装なども審査上の見るべきポイントとなるのです。

引きつけて打ち切っているか

篠塚増穂 範士

しのつか・ますお／昭和18年3月15日、千葉県生まれ。中学1年のとき、高山勝次、師岡弘毅の手ほどきで剣道を始める。私立成田高校で伊藤彰爾、滝口正義両先生に指導を受ける。卒業後、昭和36年神奈川県警察に奉職。菊池傳、安藤進、中村太郎、高野武各先生に師事する。県警では特別訓練員、コーチ、監督、剣道首席師範をつとめ、平成15年3月退職。全日本選手権大会、全日本東西対抗、国体、全国警察官大会、明治村剣道大会などに出場。現在、神奈川県剣道連盟副会長兼理事長、神奈川県警察剣道名誉師範、獨協大学剣道部師範、東京・大義塾師範。平成6年剣道八段、同16年剣道範士。

左手、左足のおさまりを見ている

審査にあたって、私は錬度、理合、風格、気位など、総合的に判断して見ています。とくに八段審査の場合、八段としての気位が備わっているかどうか、自分自身の経験に照らし合わせて評価しています。

若い受審者は、とかく身体が動く分、スピードや勢いに頼りがちですが、それだけでなく、業前の攻め崩しがきちんとできているかどうか。いわゆる当てにいくような軽い打ちではなく、しっかりと打突を打ち切っているかどうかが求められます。剣道は相手の胸を借りて高め合うものですから、独りよがりで打っている感じを受けるのは、剣道の理合をわかっていないと見なされます。

一方、高齢の受審者は、身体能力が衰えてくる分、どうしても勢いに欠けます。それをカバーする精神面や動じない気構え、気迫が感じられるか。これは各年代共通していえることですが、やはり攻め込まれて左手が胸の付近まで上がるようではいけません。「自分の手元が動いたら負けと思え」といわれるように、左手、左足がしっかりおさまっているか。ここにも注目しています。

左手がちょこちょこ動いて調子をとるのではなく、左手がおさまっているか。左手がおさまっている人は横から見ていて美しく見えます。

また、相手が攻めてもいないのに袴が左右に揺れているようでは駄目ともいわれます。小川忠太郎先生は「構えの根本は左足にあり」といわれ、足がきまれば、腰がきまり、さらには左手もきまって、体の中心に重心がグッとおさまってくると喝破されていますが、二次審査に進まれる人は、みなさん、ぴたっとしています。

次に、私は攻め合いを重視しますが、触刃の間合から自分の打ち間まで入るための気分が感じられるか。よく先生方がいわれるように、剣先で相手を感じるようになってくると剣道の醍醐味が味わえます。

ところが、六・七段の審査会でも立ち上がってすぐ触刃の間合から交刃の間合に入るような受審者が多い。いわゆる練れた剣道をやっている人と、そうでない人はすぐわかります。ごまかしがまったく通用しないのです。ある高名な先生に審査上の着眼点をうかがうと、「八段審査は千三百人ぐらい受審するけれども、本気で受けにくるのは三百人くらい。あとの千人は見なくてもいい」とまでいわれたそうです。

何事も挑戦しようと思ったら、それだけの覚悟、必死さがないといけません。剣風や所作に必死さが表われます。八段の審査で合格する人は、打つべくして打つことも大事ですが、思わず打てたという無心の技を放っています。思わず出た技に、審査員は感動、感銘を受けるのです。

立合に気のつながりがあるか

ある年の八段審査会で先生方が休憩の際に話されたのは「気のつながりがない」ということでした。蹲踞から立ち上がってからの気のつながり、攻めて、崩して、打ち終わってから自然に左手がへその前に帰ってくるような剣道をする人は、なるほどいいなあと感じます。

私がいいなあと感じるのは攻防の中で簡単に打って出ない。とにかく気の充実があって、打ち自体が中途半端でない。打ったあとの体勢などもきまっている人です。

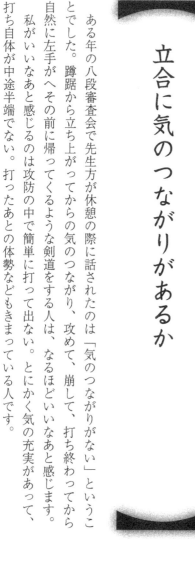

私がはじめて八段審査を受けたのは平成三年、四十八歳のときでした。一次審査が最初の組だったので、九時十分頃には終わり、二次審査が始まったときは午後三時半過ぎでした。一次審査の発表から二次審査までの時間の過ごし方、気持ちのコントロールに失敗した私は、当時十五名もの審査員が見守る異様な雰囲気に圧倒され、無造作に放った初太刀を返され、動揺したまま審査を終えました。

審査のあとに高校時代の恩師である滝口正義先生が一言、

「君は来年も落ちるよ」

と、いわれました。内心、「来年は大丈夫だろう」と思っていましたが、その言葉どおり、その後、一次審査は通ったものの、不合格が三回続きました。

当時は警察学校勤務のため、稽古量が少ないうえ、特練で積極果敢に打ってくる若い選手を相手にするだけでは気持ちを張るような立合稽古が望めないと考えた私は、休日には出稽古に行って懸かる稽古をお願いしたり、滝口先生が佐倉で指導していた直心影流の法定で肚を錬るように努めました。

私が滝口先生の指導のもと、法定で学んだのは呼吸法です。下半身に力をグッーと集中させ、気をかかとまで抜けるように下へ下へと降ろせ、といわれました。その結果、打ちたい、打たれたくないという気持ちが強かったため、前傾姿勢だった私の構えは、胸郭を開くようになり、肩の力が抜け、姿勢が良くなりました。気を錬ることにより、全体が見えてきました。

　また、打突の弱さをご指摘いただいていましたので、警察学校の体育教官のご指導を得て、五百メートルのインターバル走で心肺機能を強化するとともに、手首を強化するために重石をくくりつけた紐を巻き上げる訓練などもしました。

　そして、この時期、私は滝口先生から「引きつけて打て」という教えをいただきました。「引きつけて打つ」とは、対峙した状態で相手の攻めを充分に引きつけて、相手に乗っている状態をさします。「引き出して打つ」とは少しニュアンスが違いますし、「待ち」とも違います。当然、自分の攻めが効いてないといけないし、我慢、「ため」が必要になります。攻め足である右足の使い方と関連しますが、上げてバッタンと踏みおろすのではなく、床と平行移動することが「ため」となり、相手が出てこなければ、そのまま仕かけ技、無理して出てくれば応じ技と対人動作の中で技が選択できるようになりました。

　以前は相手が動いたらすぐに打っていたのですが、この教えを意識するようになってから、ただ当てようと五本打っていたところが、自然と一本をじっくり打つようになりました。

　したがって、私は審査でも「引きつけて打っているか」というところを見ています。

　審査員は、いつ技を仕掛けるのか、攻め切っているかどうかを見ています。よく「勝って打て」といいますが、ここぞというときにタンと捨て切るような一本は審査員の目に映ります。それには平素の稽古からつくっていないと本番でもできません。

昔の名人は最高の攻めというのは、真綿のようにふわぁとして包み込むような、といわれました。晩年の堀口清先生や持田盛二先生のような剣道です。

神奈川県警の特練時代、監督の菊池傳先生に「水鳥はバタバタ助走してから飛ぶけれども、そうではなく、とんぼがパッと飛ぶごとく、継ぎ足をしないで一拍子で打て」という教えをいただいたことがあります。全剣連では今、「打ち切る」ということを重点的に指導していますが、一流の剣士はみな足が良いです。いわゆる上半身に力の入った手打ちではなく、下半身に上体が乗った見事な打突を出しています。

現在は審査員の年代が若くなってきている関係から、以前に比べて有効打突があるかないかで合否が判断されがちに思われますが、審査員は見るべきところは期待をもって見ています。その期待に応える意味でも気のつながりを大切にし、引きつけて打ち切る稽古を重ねることが八段合格の秘訣です。

滝口先生から頂戴した平成六年の年賀状はとても印象的で、私にとって大きな糧となりました。そこにはこう書かれてありました。

『今年こそ宿題が達成されるよう、体に気を付けて、一層の精進を望む。それには下肚に気を充実させ、気を降ろす。雑念を払い、無心で真剣に稽古すること。打ちを強く、気力を充実して打つ』

先生のお言葉は、たいへん簡単明瞭ですが、実行は非常に困難でした。この年賀状をいただいて、さらに修行を重ね、僅かながらもこの教えにしたがって精進できたと確信しております。

謙虚な気持ちで注意に耳を傾けているか

剣道を習い始めて以来、昭和五十年に最年少で剣道七段をいただくまでの間、一度も不覚を取らずにきました。しかし、八段受審では剣道の奥深さをあらためて思い知らされ、迷い、悩み、心の修行の足りなさを痛感しました。

その間にも、高名な諸先生方から多くの温かいご指導、ご叱正を賜わり、日々の修行の励みとさせていただきました。審査に役立つ先生方の教えをいくつかご紹介します。

まず、構えたとき、相手の目を見ながら、「我、上位なり」という気位で堂々と構えるように指導を受けました。楢崎正彦先生からは「審査のとき、『俺の構えはこうだ。よく見てくれ』という覚悟で構えるんだ」と教わったことがあります。

また、私の高校時代の先輩でもある岩立三郎先生の松風館道場で岡憲次郎先生にご指導をいただいた際、先生は「受けない、逃げない、逃がさない稽古を心がけよ」といわれました。そして相手の胸のあたりをおぼんに見立て、おぼんから剣先を外さないように、左手が正中線からぶれないように、鎬をすり込むような打ち方をすれば、打ったあと、左手が右手の前にいくような打ちにはなりません。

特練の若い人にも「受けたら必ず返すように、受けっ放しにしないように」と注意しています。そうすれば気がつながるような稽古が可能だと思います。そして、機会と思ったらなるべく思い切って出ることです。抜かれようが、返されようが、捨て切って打つ稽古を積むことによって、本番の審査会でも「思わず打てた」という無心の技につながるのではないでしょうか。

実業家であり、中山博道先生の秘伝を今に伝える中村藤雄先生（大義塾塾長）は「人に好かれる人間になれ」といわれます。そういう素直な心、謙虚さ、というのは剣風にあらわれます。つまるところ、滝口先生のように、ズバズバ言ってくださる正師を持つことと、それを聞く耳を持たないといけません。

北海道の藤井稔先生が講習会で「三つの意」という話をしてくださいました。「三つの意」とは、まず熱意。障害に屈することなく、目的を実現させようと努力する気持ちがなければいけない。次に誠意。お相手に誠の礼を尽くして、またあの人とお手合わせ願いたいと思わせること。そして創意。反省、工夫が大切であること。私のよく知っている人は一本一本の稽古の内容を克明にワープロで書き起こし、暇さえあればその稽古日誌を読み返し、あの先生にこういうことをいわれたと拳拳服膺《けんけんふくよう》しています。人から注意を受けたとき、それを鵜呑みにするのと、自分に合うようにかみ砕いて工夫をしながら会得していくのとでは雲泥の差がつくのではないでしょうか。

そして何よりも次は絶対に受かるんだ、という信念を持つことです。五十五歳ぐらいまでに受かればいいやという甘い考えでは、いくつになっても合格できないと思います。自分なりのカリキュラムを立てて、審査に臨むべきではないでしょうか。私の場合、法定の稽古が、その後の自分の剣道に大いに役立ちました。

これからも師の心境に到達できるよう無理なく、無駄のない剣道をめざして尚一層、惜しみなく努力をしたいと思っております。

長尾英宏範士

ながお・えいこう／昭和13年10月13日、秋田県生まれ。秋田高校から明治大学に進む。高校時代は奥山京助、吉井忠亮両先生に教わり、大学時代は森島健男師範に師事、現在に至る。明治村剣道大会5回出場（3位1回）。現在、全日本剣道連盟常任理事、マスコット紙業㈱代表取締役。平成6年剣道八段、同16年剣道範士。

「気で攻めて、乗って、崩して、破って打つ」を実践してきたか

竹刀の持ち方が悪い人は審査の対象にならない

審査の着眼点として、段位にふさわしい風格、姿勢、態度、構え、歩合を総合的に見ています。なかでも私が最も注意したいのは構え、とくに手の内です。

左手の握りが横手（横を向いている状態、または打突時に右手より左手が上がる状態）になっている人は、竹刀の柄が左によじれていることが多い。これは右手中心に打突しているためで、刃筋正しく打突ができていないとみなされます。

刃筋正しく打っているかどうかは、実際のところ、判別つきません。しかし、構えを見ればわかります。立ち上がったときに、姿勢がスーッとしていても、竹刀の持ち方を正しく習得していない人は、いくら打っても評価されない。いわゆる当たっているだけで切れていないからです。

正しい竹刀の持ち方は、指を開いたときに手のひらが下を向いていること。左手の小指を柄頭いっぱいにかけて握り(あるいは小指半がけ)、親指と人さし指との分かれ目が竹刀の弦《つる》の延長線上にあるようにし、両手の親指がともに前方下に向くようにして握ります。

小指から順番に薬指、中指のほうにいくにしたがって、力をゆるめてやんわりと握り、左手の力の入れ具合は、ちょうど唐傘をさしたときの握り具合と同様であり、右手は添え手といって、鶏卵か小鳥を握るような気持ちで持ちます。手の内は柔らかく、茶巾絞りです。

自分の竹刀の持ち方は正しいかどうか、ためしに普段使っている竹刀の柄の縫い目が左によれていないか、各自点検してみるとよいでしょう。

構えたとき、手元が堅い、あるいは肩に力みが見られると打突に冴えが欠けます。私自身、この癖がなかなか抜け切れず、ずいぶんと回り道をしました。

また、相手に攻められると左足のひかがみが曲がる人、手元が浮くことは心が動かされた証拠です。「打たれなくても、心が動いたら負けと思え」(斎村五郎先生)という教えが語り継がれていますが、この言葉は、我々剣道家に与えられた永遠の課題ではなかろうか、と師森島健男先生は述べられています。

このように手の内は、技だけでなく、構え、姿勢、足など、剣道のすべてに影響を及ぼすといっても過言ではありません。

昔から竹刀の持ち方が悪い人は審査員に見てもらえない。こう教えられたものですが、今も変わらない最重点項目ではないかと思います。

偶然の技ではなく、必然の技が求められている

審査は、相手との比較であるので、いくら打つことができても相手に打たれてしまっては何にもならない。すなわち、相手に技を出させない攻めをしなければなりません。

それには常に手の内を柔らかく、中心を攻めていれば簡単に打ち込まれません。

森島先生が常々口にされていることが「初太刀を許すな」という教えです。相手に初太刀を許すな、ということは、初太刀一本を大切にせよ、ということでもあり、それを必ず取る気分で常に真剣勝負のつもりで稽古をしなければならないことを教えています。

また、「打たねばならないとき、打ってはならないときを心得よ」とも教わりました。

○三つの機について

一、打突の機会が無ければ打たない

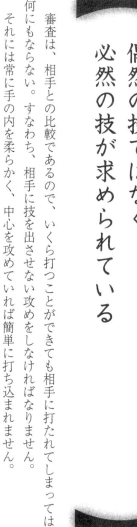

二、打突の機会は逃さない
三、打突の機会が無ければ崩して打つ

攻防がなく、自分だけの調子で打つのは失敗が多く、無駄打ちになってしまいます。気で攻めて理で打つ、理で攻めて気で打つ剣道を心がけるようになると無駄打ちが少なくなります。高段者に求められるのは無駄打ちをしないで、構え、気、呼吸の崩れたところを打突することが肝要です。いわゆる昔からいわれている「気で攻めて、乗って、崩して、破って打て」を実践できれば理にかなっているので、ここを目標に稽古に励まれたらよいのではないでしょうか。偶然の技ではなく、必然の技が求められているのです。

また、抜き胴や出小手は誰でもできるものです。攻めて引き出して打ったり、崩れたところを打ったりするなど、虚実を知り、そこを打突できれば精妙な技として評価されます。

そのためにどのような稽古をすればよいのか、難しいことではありますが、努力してほしいと思います。

私が八段に挑戦するとき、師匠に「八段位は専門家の段位、君は稽古量が足りない。もっと掛かり稽古、詰めた稽古をしなさい」と手厳しいお言葉でした。しかし、その一言で私は発憤しました。できるかどうかわからないけれども、人間修行の過程で段位に挑戦することに価値があるのではないか、と思うようになったのです。

いま考えれば、あれは師匠の愛のむちであり、持つべきものは正師であると感謝しております。

【気勢に満ちた構えで攻守のバランスが取れているか】

もうひとつ、森島先生がいわれたのは、「正しい剣道修業を続けていれば段位は自然とついてくる」と、厳しいご指導もいただきました。正しい剣道修業とは何か、それまで私が先生方からご教示を受けたことを自分なりに整理して「稽古の心得」というものにまとめて、稽古に臨むようにしました。参考までに記します。

稽古の心得

「心構え」

・体調の好不調で稽古をするな
どんな時でも『真剣の一念』でやれ。二念三念は切り捨てよ
（小川忠太郎先生）
・勝負を志す者は攻めに徹せよ
五分で立ったら必ず守りが強くなる（攻防一体）
（石原忠美先生）
「構え」＝心を水とし竹刀は浮木とする
・構えは腹と腰で構える
・手の内を柔らかく芯のある構え＝中墨を取る
（工藤一先生）
「足」＝左足は心の表われるところ
・打ち間は左足できまる（人の足は左足が軸足）
・重心は両足の真ん中に、配力は前に三、後ろに七、前足は常に軽くしておく
（石原忠美先生）
「呼吸」＝剣道は自然呼吸が良い
・技は息を止めて動作を起こすより呼気（はき出す）の時に出たほうが良い結果が生まれる

（石原忠美先生）

・攻め合い、打突後＝残心の一息が大切

（楢崎正彦先生）

「目」＝相手から目線をはずさない、凝視すると打突時でも姿勢が崩れない

「打突」＝「気で攻めて、乗って、崩して、破って打て」

◎「剣は瞬息、心気力の一致」

◎「初太刀一本は千本の価値＝勝ち」

（森島健男先生、常に強調）

・手先から起こりを出すと相手にわかる

・手は肩から弛める（肩の力を抜けばすべてが柔らかになる。打突は踏み込めば自然に強い打ちになる）

・足、肩、手首の順＝振り上げた時には足が出ていなければならない

（石原忠美先生）

「必然の技」＝得意技

・わかっていても防ぐことができない技＝真の得意技（防がれる間は未完成）

・必然の技は稽古の積み重ねでできるもの

・気で攻めて理で打つ、理で攻めて気で打つ（無駄打ちが少なくなる）。打突した時は必然の技で決まる

・攻めにすべての技が集約されていれば、打突は単純であってもよい

「気は早く　心は静か身は軽く
　眼は明らかに　業は烈しく」

（石原忠美先生）

以上のことをくり返し反省し、欠点を直すように努めた結果、平成六年五月、五十五歳のときに、四回目の挑戦で剣道八段に合格させていただきました。

剣道の文化的特性から、八段位には最高の理想を求めています。したがって審査もおのずと厳しいものとなりますが、集約していくと「美」の一語に尽きるのではないかと私は考えます。

独楽《コマ》がまっすぐに立って勢いよく回っているときは止まっているように見えるけれども、近づいてみたら唸りをあげています。回る勢いがなくなると独楽はぐらぐらして倒れます。勢いよく回っている状態が、静中動、動中静の理想的姿勢です。

このたとえと同様に、高段者の先生が立った姿は、動と静が兼ねあっている姿であり、近

づいてみると、まさに気迫がこもっていて一歩も入れません。攻めと守り（懸待一致）のバランス、動と静の美、どういう修業をしてこられたか、姿さえ見れば心も体もすべて整っていることがわかります。

高段者は攻防に理合があるので、一本の打ちが単純に見えますが、その中にあらゆる技が集約されています。

心の修行は無限大です。

剣の理法を求めての修錬か
竹刀の技法を求めての修錬か

下村　清　範士

しもむら・きよし／昭和16年8月17日、兵庫県生まれ。県立山崎高校では高尾孝先生に指導を受ける。同35年2月、刑務官となり、大阪拘置所に配属されて以降、西善延範士に指導を受け、現在に至る。全国矯正職員選手権大会優勝6回のほか、全日本東西対抗、全日本八段選抜大会などに出場。元大阪矯正管区武道教官。現在、㈳大阪府剣道連盟理事。修道館、日曜会、清風高校、土曜会、剣清会、一真館、その他大阪税関など大阪官公署剣道連盟傘下の加盟団体で稽古する。平成2年剣道八段、同10年剣道範士。

二分間、平素の修錬披露に徹することができたか

合格率一パーセントと他の試験が追随を許さない〝日本一の超難関試験〟と某有力紙が報じて久しいですが、現在もなお、初挑戦で合格する人、また捲土重来を期して挑戦するも無念の涙を流す人と悲喜こもごもの人生模様であります。

本書は、あまたの範士の懇切かつ適切なご指摘を収録され、挑戦者への喚起を促されていることは意義深いものと考えます。

この度、編集部より標題についての再度の依頼があり、もとより力不足で「道に聴いて塗《みち》に説くは、道徳の放棄である」（『論語』陽貨篇より。学問は体得すべきである。したがって、こっちの道で聞いた説を、あっちの路上でもっともらしく説くようなことは、むしろ徳を棄てるようなものであり、学問をする者の態度ではない、の意）の誇《そし》りを恐れつつも、読者の期待に添うべくもないことを承知の上で取材を受けることとなりましたが、一つ一つの所

作・技法については他に譲り、ここではおもに心構え的な私見を述べて、その責を果たしたいと思います。

ご承知のとおり、段位の審査は精神的要素を含め、修錬した技倆が当該段位に相当する実力に到達しているか否か、全日本剣道連盟の「段位審査規則」第十四条（付与基準）を適用して決定することとなります。

したがって八段合格の要件は、この七段までの付与基準と実施要領が示す着眼点の充足が不可欠であり、おしなべて剣道の奥義に通暁、成熟し、技倆円熟なる者が八段の位ということになります。

私流に訳せば、最高位にふさわしく剣の理法を駆使した技倆が豊かな内容を形成し、それらが醸しだす気高い気品をも備えた剣道の象徴といえます。

しかし、これをにわかに二分間で実践しようとすれば、そこここに心が止まり、物事が見えなくなり、本領の発揮は至難の極みであります。平素の修錬に徹し、人事を尽くして天命を待つの心構えが肝要であります。

つくりものは真実性に欠け、心気力の調和を崩す

受審者の皆さんは、すでに付与基準も着眼点もすべからく承知し、体得して己が集大成に自信をもって審査に臨まれていることと思いますが、思わぬマイナス要因が加わって本来の実力が出せなかった方もあろうかと思います。

私事ながら、挑戦者としては肚《はら》のすわらぬ恥ずかしい体験談を披露して参考に供したいと思います。

万全を期したとは言い難いですが、三年の準備期間を設け、審査会場に赴いて立合内容あるいは合否の分岐点などをチェックして己れの稽古に反映を試みるなど、それなりの準備は整えたつもりであります。

平成二年五月二日、はやる心を身に包み、京都市武道センターの審査会場に到着するも、あわただしく褌を締め直して出番待ち席に着座。と、ここまでは初挑戦の意気は保たれてい

たのですが、やがて九名の審査員（当時二次は十五名）が正面審査員席を占められた頃、七段受審後、十三年ぶりの大舞台であることと相まって、にわかに高まる緊張感と、立ち合う相手に眼を注げば、これがまた全国規模の大会で大活躍の知名の士とあっては、保たれていたはずの意気もどこへやら。かといって、この場を逃げ出すわけにもいかず、はてさてと思案の揚げ句の窮余の一策は己れを信ずるの他に道は無く、いわば開き直りともとれる「まな板の鯉」に甘んじることでした。

しかし、決して四戒が消え、無心に至ったわけでもなく、また、竹刀に任せておけば勝手に竹刀が動くとの境地に至ったわけでもありませんが、少なくともこの気持ちの方向転換が、この重圧からの脱却に功を奏したようです。

かくして、ただひたすらに、相手の動きに身をゆだねることができたのではと自負しております。その結果は「石が流れて木の葉が沈む」の奇蹟の招来となりました。どんな内容であったのか定かでなく、今もって右脚の震えだけが記憶に鮮明であります。

受審体験者にその状況について尋ねてみますと、およそ次のような答えが返ってきました。

一つは、一次で失敗した人たちからは、いいところを観てもらおうと「構えを正し、張って溜め、攻めて崩し、隙が生じたところを間髪を入れず……」の既定概念にこだわり、気負いが勝って機会を誤り、打たされたり、見切られたりで自滅に追い込まれた……、との回答が大勢を示し、二つには、一次を通過した人たちは、無我夢中で何をどのように争ったのか覚えていない、とするのと、思惑どおりの技が出たとする自信家に二分されました。

しかし、二次に至っては双方ともに、よりいいところをとの欲心に結果を急かされて緊張と無駄打ちに終始し、ことごとく裏目に出てしまった……、と謙虚な反省の弁でした。

これから察するところは、やはりつくりものには真実性に欠け、心気力の調和を崩し、剣の理法を駆使するに遠く及ばないことが実証されたのではないでしょうか。

手の内さわやかな一撃と妙味あふれる応じ技を期待している

「審査員の目」としては、張って溜め、錬り上げた気力を充実させ、先を取り合って攻め、崩し合い、生じた隙に心魂をなげ打って手の内さわやかな一撃を、また、巧緻《こうち》的な応じ技の妙味あふれる応酬に期待感をみなぎらせて観させていただいております。

ここで冒頭の孔子の戒めに抵触するかもしれませんが、体験上、気付いた点を挟ませていただこうと思います。

はなはだ微妙な点ですが、剣の理法の修錬か、それとも竹刀の技法の修錬か、いずれを求めての研鑽か、このあたりが分岐点であろうかと思います。八段の位は竹刀競技を否定し、剣の理法を駆使した、本来の剣道の最たるものと及ばずながら確信しています。

刀とする観念を高めることにより、自ずと命の尊さが顕著となり、「一足一刀は生死の間」を自得し、人間技を否定した武技の創出と攻め、崩しの妙味ある攻防から「打って勝つな、勝って打て」の斬突の機会が明らかになり、「唯心一刀」をもって潔しとする剣道像が浮かんでまいります。

剣の理法の真髄は日本剣道形にあり、剣道と形は両輪の如し、稽古は形の如く、形は稽古の如く、とその重要性を意義づけ、より格調の高い剣道をめざしています。ゆめゆめ怠りないように願います。

めざすは知識人ではなく教養人

これは某大学名誉教授が産経新聞の正論欄に投稿された一説でありますが、ふと頷くものがありましたので抜粋して紹介しますと、

「日本の学校教育では知識人は養成するものの知識に人格（礼節の心得とか人間の器量の充

実といった道徳性や人間性）を加えた教養人の育成は期待できない。教育の目的は知識人を作るのではなくて教養人を作ることにある。これは普遍的な真理である」

との主旨でしたが、これは我々剣道人にとっても他人事と看過できない洞見力がうかがえます。

剣道の社会的地位の向上を図る上にも日本古来の伝統文化としての矜持《きょうじ》を保ち得るにも指導理念の実践があればこそと考えますが、いかがでしょうか。

わが師いわく、

「己れの出来んことを他人に求めるなよ」

「はい、然り」

（されど）と心の中でつぶやきが……。

左拳のおさまりで打ち切った一本を出せたか

後藤清光 範士

ごとう・きよみつ／昭和15年1月19日、東京都生まれ、大分県三重町（現豊後大野市）で育つ。大分県立竹田商業高校2年生のときに剣道を始める。昭和33年9月、皇宮警察に奉職。佐藤貞雄、小梛敏、佐土原勇、中村伊三郎の各先生に指導を受ける。同62年4月、警察大学校に出向し、平成12年定年退職。退職後は郷里三重町に帰り、地元の剣道普及発展に努めている。全日本東西対抗、明治村剣道大会、都道府県対抗、国体などに出場。警察大学校教授、全剣連常任理事を経て、現在、大分県剣道連盟審議員、全日本剣道道場連盟評議員、大分県剣道道場連盟副会長。平成3年剣道八段、同11年剣道範士。

蹲踞した時点から生きた構えができているか

平成十二年に施行された全日本剣道連盟の『剣道称号・段位審査規則、同細則』に段位付与基準が定められ、かつ審査の着眼点が示されましたが、それがすべてではなく、審査員の剣道観や経験則も重要なものです。それらを踏まえて審査員は剣道の理念に基づく高い倫理観を持たなければならないと思います。私は、

一、審査員としての誇りと使命感
一、厳正、公正、かつ適正に
一、規則、細則を遵守し誠実に

以上の三点を心がけて、①姿勢・構え、②攻め、③心気力一致の打突、④残心などの修錬の度合いについて審査にあたっています。それらは一つひとつ独立しているものではなく、連動していなければなりません。つまり連動性があってはじめて評価されるのです。その連

動性を生み出すのが姿勢・構えです。

姿勢は構えの基となる体勢であり、構えとは身構え心構えのことです。この身構え心構えは表裏一体をなすものと考えます。八段位となれば姿勢・構えに気品や風格が求められます。これは一朝一夕にできるものではなく、長年の修錬の積み重ねによって自然と身についてくるものです。姿勢・構えは見た目がよくても、それが果たして本物かどうかは相手と対峙して攻め合いのなかでわかります。蹲踞から立ち上がってから腰を入れて姿勢・構えを整えるのは、身構え心構えが備わっていない証であり、まだまだ修錬の足りなさを感じます。

本物の勢いのある生きた構えというのは、左足、左腰、左拳のライン、つまり左半身が安定しています。それらがきちんとおさまっているか。とくに左拳が丹田の前でしっかりとおさまっていることに注目して見ています。左拳がおさまっていれば気が丹田に充実しており、相手の攻めに動ぜず、どんな状況にも柔軟に対応でき、機会に応じて相手を的確にとらえることができるからです。

私は若い頃、左拳は自分の心だと教わりました。左拳が動くのは、相手の攻めに威圧感を覚えて心が乱されている証拠だと。心が乱れればすべてが乱れます。そういうときは左足が撞木足《しゅもくあし》だったり、ひかがみが緩んでいたり、腰が逃げているという現象が形となって現われるものです。常日頃、剣道理念に基づいた剣道、すなわち「剣の理法の修錬」に則った刀の観念で稽古を積み重ねることで精神力が養われて、相手の攻めに負けない左拳の安定がつくられていきます。

刀の観念で行なうことにより、攻め合いに真剣さが生まれ、一本に対する意識が高まります。竹刀を竹刀と思って打つ技と、刀と思って打つ技とでは必然的に質の面で差が生じ、審査員の見方もちがってきます。竹刀だとまず打ってみようという考えが先に立ち、攻め崩しもなく、ただ何となく打って出たり、無理無駄打ちや近間での攻防が目につきます。しかし刀だと、そう簡単には打って出られません。

切るか切られるかという緊迫感のなかで、遠間から慎重に相手の気を殺し、体を殺し、剣を殺すという三殺法によって攻め崩し、攻め勝ってから機会を逃さず打つようになります。そうすると一連の動きにブレがなくなり、打突も気剣体一致から心気力一致へと変化していくでしょう。その打突の変化が七段までと異なる点であり、八段にふさわしい風格も生み出します。

一本一本にかける思いが剣道の質を高め、同時に強い精神力も養われ、ひいては人間形成という究極の目的につながっていくと思います。

適正な間合と機会が重要
無理無駄打ちは極力なくせ

八段位ともなれば「攻め」も心と心の攻め合いが中心になります。その巧拙が合否の分かれ目といっても過言ではありません。

蹲踞から立ち上がってすぐ一足一刀の間合に入ってしまう人、近間に入って無駄打ちをする人、打つべき機会でもないのに無理して打って出る人、相手が攻めれば退き、退けば攻めるといったことをくり返す人などは竹刀を刀と思っていませんから「攻め」に対する意識も低く、先に当てればいいという考えのため評価されません。

遠間から徐々に間合を詰めて打ち間にいくまでに、心で攻め勝たなければいけません。攻め勝ったら機会を逃さず身を捨てて打ち切ることが大切です。ここぞと思ったら、ためらってはいけません。いくら攻め勝っても打たないと、そこまでの高いものが一気に落ちます。

私は有効打突につながるような一連の体の動きをしていることをポイントにしており、もし有効打突にならなくとも打ち切っていれば多少評価します。打ち切るには充実した気迫・気力・気勢というものがなければならず、それらを生み出すには普段の稽古から刀の観念で攻め合い、一本一本打ち切る気持ちで稽古を積み重ねることが大切です。だからこそ審査員の心に響きますし、打ち切っていれば必ず結果はついてきます。もし返されたり、応じられたりしたら攻めの未熟さを反省し、稽古で工夫錬磨するしかありません。

それと打ち切るには適正な間合と機会が重要です。適正な間合でなく機会を無視した打ちは、姿勢が崩れていたり無理無駄打ちとなります。適正な間合から機会を逃さず打ち切っている人は、両手両足の指先まで神経がピーンと行き届いているのがわかります。適正な間合は体格や体力などによって人それぞれちがいますから、これも稽古によって体得するしかありません。一概にはいえませんが、私の経験からうわてに掛かる命がけの稽古が大切ではないかと思います。間合と機会がよければ打突することができますが、そうでなければ返されます。そのくり返しで本物の打突を身につけることができると思います。いくつになっても求める稽古が大切だということです。

また、打ち切ることにより残心が自然に生まれます。「残心とは残す心と思うなよ打った気力をしばしそのまま」と道歌にあるように、打突後の余韻としての身構え心構えは油断しないための教えです。それが意識ではなく無意識のうちにとれるようにならなければなりません。理想的なのは振り返って相手に剣先をつけなくとも後ろ姿から力強いオーラが全身から出ていることであり、審査員の目を惹きつけて離しません。

私は皇宮警察時代、佐藤貞雄、小椰敏、佐土原勇、中村伊三郎の各先生に師事しました。なかでも佐藤先生には間合について厳しくご指導をいただきました。稽古中は「間合が近い、間合が近い」としぐさで示され、稽古後は「打ち間を過ぎてからごまかして打っているようでは、本物の一本は打てません。自分の打ち間に入ったら、機会を逃さず打ち切りなさい」と毎回のようにいわれました。

試合で勝って叱られ、負けてほめられた時がありました。その時は勝ったのになぜ叱られるのか理解できませんでしたが、あとで気がついたことですが、宮本武蔵の「いかほどの敵に勝つとも習いに背くにおいてその道にあらず」という教えであったと思います。

いまでも私は遠間から攻め合い、心の闘いで勝って打ち切る剣道を心がけています。攻めもなく近間で打ち合うようになったら、元には立てないと思っております。

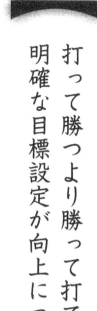

打って勝つより勝って打て
明確な目標設定が向上につながる

私は平成三年、四回目の受審で八段に合格させていただきました。その間、多くの先生方にアドバイスをいただきました。しかし、アドバイスを全部受け入れてしまうと、かえって自分の剣道を見失ってしまうことになりかねません。なかなか合格しないからといって、それまで築き上げてきた自分の剣道を一から否定するのではなく、まず自分の剣道を信頼することが大事だと思います。

その上で自分の剣道を見つめ直すとよいでしょう。全剣連の『剣道称号・段位審査規則』第十四条に〈八段は、剣道の奥義に通暁、成熟し、技倆円熟なる者〉と明記されています。要するに私は、八段とは、着装、礼法、所作、攻め、打突、残心などにいたるまで剣道の基本がしっかり身についていなければならないと思います。つまり八段は基本の体現者といえるのです。すでに基本はできていると思うのが落とし穴です。もう一度、基本ができているかをチェックすることにより、いままでできていたと思うことができていなかったり、足りない点が見えてくるはずです。

そして先生方のアドバイスの中からいまの自分にプラスになると思うものを取り出し、あとは思い切って捨てることも大事です。よけいなことに惑わされず、目的へ向かって稽古に打ち込むことができるようになります。

私に足りなかったのは攻めに対する意識でした。刀の観念で行なっていると思っていたのですが、実はそうではなかった。先生方の「間合を考えろ」「打つべき機会に技が出ていない」「打ち切れ」などのアドバイスをよく考えて改めて自分の剣道を検証してみると、相手に攻め勝って打つというよりも打って勝つという気持ちが強く、先に当たればいいと思ってやっていました。ですから真剣勝負ではなく当てっこの剣道でした。これでは審査員の目にとまるはずはありません。

それからは刀を持った意識で間合に注意を払いながら、ひたすらに稽古に励みました。二年ほど経った頃、気持ちに余裕が出だし、左拳が安定してきて打突の機会も少しずつですが察知できるようになってきました。それからまた二年かかって合格することができましたが、七段までの自分の剣道の上に、「攻め」をプラスできたことが良かったと思います。

いずれにしても一本の稽古というものを無駄にせず、素直な心、謙虚な心をもって習い・

工夫・研究をくり返すことで名実ともに風格と品位に満ちた剣道をつくり上げてもらいたいと思います。

地力があるか
練った強さがあるのか

有馬光男範士

ありま・みつお／昭和18年7月11日、岡山県生まれ。小学4年生から西大寺道場で剣道を始め、近成弘先生に手ほどきを受ける。西大寺高校から大阪府警に奉職。歴代師範の先生方に指導を受ける。全日本選手権大会9回出場（2位1回、3位3回）、全国警察官大会団体優勝9回・個人優勝、明治村剣道大会優勝2回、全日本東西対抗出場など。現在、大阪府警察剣道名誉師範、フットワークエクスプレス剣道師範、花園大学剣道部師範、大阪星光学院講師。平成5年剣道八段、同16年剣道範士。居合道錬士六段。

形ばかりにとらわれるな
充実した気勢がまず欲しい

まず、調和のとれた着装かどうかを見ています。剣道着、袴、剣道具すべてにおいて、さすが専門家と思わせるくらいの雰囲気が欲しい。この「さすが」というのが大事です。道具はなにも真新しいものでなくていいので、少し使い込んだもののほうが、その人に馴染んで見映えがよいでしょう。

次に礼法、各所作も姿勢、態度が自然体で、いわゆる審査用でないこと。これも普段からきちんと習慣づけておかなければいけない基本的なところだと思います。

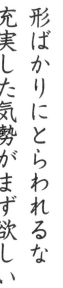

なかにはつくりすぎてロボットのような動きの人もいますが、自然にスッと竹刀を抜き合わせ、蹲踞する。普段やっている姿を見ていただくことが審査ですから、平素の稽古がいかに大事かということでもあります。

これらは相手関係なしに自分で気をつければいいことですから、誰にも負けないぞというくらい、普段から正しい着装、礼法、各所作を心がけたいものです。

立ち合ってからの構え、姿勢にも注目しています。このとき、剣先が多少高かろうが低かろうが、その人の体格や個性に合ったバランスのとれた構えであれば私はいいと思います。ただし、足幅が広いのは嫌われるので直さなければいけません。剣先の高さ、足の向きなどで減点していく消去法の審査員の先生もなかにはおられますが、私はそれよりも先の気分で上から乗っているかどうか、ここを重視しています。

審査員は、理合、打つべき機会、審査用の掛け声でなく、ほんとうに気の入ったものを期待しています。「オリャ」第一声がこれでは先が取れない。「イヤーッ」と腹の底から大きな声を出せば、審査員もオッと身を乗り出すでしょう。

最近の剣道は、形、構えにこだわりすぎている傾向にあると思います。もちろんそれも大事ではあるけれども、肝心の構えが生きていないし、剣先も生きていない。それこそ剣先から火花が出るような、そんな気迫のこもった攻めの強さが八段審査には求められていると思います。とくに二次審査ではそんなに技倆の差はないわけですから、命がけで審査を受けているんだという気迫が、審査員の先生方に伝わるように努力されたらいかがでしょうか。

また、審査ということで形ばかりにとらわれている感じがあります。たとえば、面を打たなければと、お互いが面ばかり打っていく。受審者が同一規格品のように思えてしまうことがあり、それではなかなか審査員の心に響きません。審査員が思わず身を乗り出すような、そんな充実した気勢が欲しいです。

それから自分の間合を知っているか。自分の間合とは、自分が打てる間合を知っているか、ということです。遠間から始まって一足一刀の間合で打てたら理想だけれど、脚力の落ちた年配の方はもう一歩打ち間に入らなければ、打っていっても届かない人が多い。

自分がいかに打てる間合に入っていくことができるか、この攻め口が大事だと思います。上から乗る、竹刀を崩す、気で殺す、自然と足で入っていくなど、自分の打ち間は自分で体得するしかありません。

打ち切った後、突き抜けるような勢いがあるか

八段審査は二分間、七段審査は一分半です。その一分半から二分間でどれだけ自分の力を発揮できるか。日頃の稽古の中で上位の先生に対しても、また、誰と対しても二分間、三本

勝負の気持ちで気の途切れないよう、全精力を出し切れるように努めることです。ここだと思ったら思いきり、打ち込める捨て身の技が出せるかどうか。

気持ちとすれば、三本勝負です。やはり、いかに見事な有効打突を取れるか、二分間ほんとうに試合をする気持ちで臨むことが大切ではないでしょうか。

打った後の残心、これも大事です。受審に来るような高段者ならば、誰でも立ち合いの構え、姿勢はいいものがあります。しかし、その後の打ったときの美しさが自然と風格につながらなければならないと思います。

打った後、「トン」で終わるのではなく、「トオーッ」となるように打った瞬間、打ち抜くというか、打ち貫くような勢いがあれば見映えがします。近間から出頭を打つ練習を積めば、この勢いが出てきます。年代に応じた勢いが大切であり、打ちの強さ、手の内の冴えがあるかなども見ています。

有効打突の条件である「充実した気勢」「適正な姿勢」「正確な打突」は、審査でも求められています。

そして一番のところは八段としての実力があるかどうか。いわゆる地力があるか。ここを私は見ています。

八段が最高位の段とすれば、誰が見てもさすがあの人の剣道は他と違うなあという実力がなければならないと思います。八段としての総合力（地力、構え、姿勢、体力、冴えなど）が求められているのです。

現行の審査が、どちらかというと姿勢がよい、構えがよく面を打っているというだけで、それがよい評価になっていると考えている受審者が多いようです。しかし、私はほんとうにその人がどれだけの修業をしてきたのか、練った強さがあるのか、二分間の中で見るようにしています。

迷ったら初心にかえれ 技にこだわるな。攻めにこだわるな

審査で陥りやすい点といえば、今はありがたいことにいろいろとアドバイスしてくださいます。そこで迷う。ある人は面一本でといい、またある人は姿勢・態度を重点に見る。またある人は打たなければダメだという人もいます。

私が八段審査で不合格になったとき、審査に備えて自分でもほんとうによく稽古をしまし

た。これだけできれば八段は合格するぞと意気込んで臨んだのですが、あまりにも慢心というか、立合に入り、良いところをみせようとして失敗した経験があります。

あとで振り返ってみると、八段審査を意識するあまり、こうあらねばならないと自分でつくってしまいました。それから二、三か月は立ち直れなかったのですが、あるとき、なんで自分が四十年近くもやってきたことに今さら迷わなければいけないんだと気づきました。もう、こだわるのはやめよう。今までご指導くださった先生の教えを守って、有馬流でいけばいいじゃないかと思うようになりました。

翌年、晴れて合格させていただきましたが、一次審査の初太刀は抜き胴でした。面にこだわった前年の失敗を教訓に、気剣体一致の打ちをめざして審査に臨んだのが効果あったようです。このことから技にこだわってはいけない。反対に攻めにこだわっても居ついてしまうのでよくないことを学びました。

あらゆる芸事、武道において「良き師は三年かかっても探して弟子になれ」といわれています。

私はほんとうに良き師にめぐり会えたことに感謝しています。

昨今、他の武道、スポーツとくらべても師弟の関係が薄れてきているように感じます。昔の先生は基本を重点に指導をしていました。現在の指導は試合を中心に、ただ勝てばいいという指導の傾向があります。

私にとって良かったのは小学校から高校生まで一貫して近成弘先生の基本を中心にした稽古法で鍛えられたことです。それもただやらせるのではなく、なぜ行なうのかを子どもにもわかりやすく話されるし、技の説明では黒板に図を書いたりして教えてくださりました。

自分の尊敬している先生のその一言で感動し、やる気になり、それによって剣道により熱中し、実力が向上していったようです。その一言とは、「有馬は素質がある。大阪府警に行かせて専門家にさせようと思っている」という言葉でした。

また、大阪府警に入り、良き指導陣の諸先生方に恵まれたこと、そして剣道を中心とした生活をおくることができた大阪府警という組織にも感謝しています。

「日暮れて道遠し」といわれるように、まだまだ昔の先生方にくらべて修行が足りませんが、石原忠美先生や西善延先生、奥園國義先生のような絶妙な剣遣いを学んで、後世にその技と心を伝えていきたいと思います。

臨機応変に技を出しているか

千葉　仁　範士

ちば・まさし／昭和19年4月20日、宮城県生まれ。小牛田農林高から警視庁へ奉職する。全日本選手権10回出場（優勝3回）。世界大会団体優勝2回、全国警察官大会団体優勝3回、国体優勝、明治村剣道大会優勝など。第12代警視庁剣道主席師範をつとめ、平成16年春に定年退職。現在、警視庁剣道名誉師範、一橋大学師範。平成4年剣道八段、同15年剣道範士。

上懸かりの稽古でいつでも打てる構えが備わっているか

「間合がわかれば剣道がわかる」といわれているように、間合は昇段審査でとくに重視すべき項目です。発声するやいなや相手の動きをよく見ずに打ち間に入って面を打ち、さらに二太刀目になると「面を打ったから次は小手」とばかりにパターン的に技を発していることが少なくありません。攻め合うことよりも先に「面を打たなければいけない」「次は小手」といったように決めてかかっているかのようです。

しかし、剣道は隙を打ち合うものであり、隙がなければ崩して打つ、引き出して打つといったように順序があります。打突自体に意識を向けるよりも、攻め合うことや気持ちの作用に重点を置かなければなりません。昔の先生方は、「面が打てなければ昇段は難しい」と教えました。しかし、それは「近間の打ち合いに終始しない」という戒めを込めていたものであり、言い換えれば「遠間から捨て身で打ってこそ攻め切ることができる」ということです。

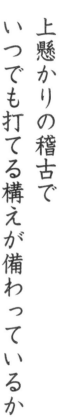

「捨ててこそ浮かぶ瀬もあれ」なのです。しかし、それが「面を打っていれば、いつかは昇段できる」といった安易な解釈に変化していったのではないでしょうか。

高段位らしい風格を手に入れるためには、時間をかけて毎日稽古することも大事ですが、一太刀の質を高めることも重要です。審査の時間は約二分間です。短い時間で自分の持っている力のすべてを出さなくてはならず、そのためにはいつでも捨て身で技を出せるように準備しなければいけません。

剣道は「懸待一致」という教えがあるように、常に受ける太刀が打つ太刀であることを基本としています。相手が動いたところを打突の好機としてとらえ、身体に覚えさせれば、どんな状況でも無意識に反応することができます。鮮やかな一本は、気がついたときには打っているものです。

六段、七段といった高段位をお持ちの方は、ほとんどが指導的な立場で活動されているはずです。よって自分より下位の者との稽古が主にならざるをえませんが、その稽古に慣れてしまっていてはいけません。受ける稽古に慣れると、「応じよう」という気持ちが知らず知らずのうちに強くなり、手元が上がりやすくなります。

稽古とは「古《いにしえ》を稽《かんが》る」という解釈で、古いことを学ぶ、古いことに習い達するという意味があり、先人の教えについて工夫・研究することです。先人（先生・先輩）にお願いすることが稽古なのです。

　自分より上手の先生方に稽古をお願いする際は、打った結果を技能向上のバロメーターに決してしないことです。「打った打たれた」は結果としてわかりやすいですが、たまたま打つことができたと受け止めるべきです。先の気持ちで精一杯に稽古を願い、すべて相打ちのつもりで跳んでいきます。そうすることによって気持ちが錬られ、集中力が増し、技が鋭くなるはずです。

　もちろん、下手との稽古をおろそかにしてよいということではありません。私は、下手の方と稽古をするときは必ず「ここだ」と思った好機に技を出すようにしています。自分が上手だからということで応じ技だけにこだわるのではなく、自分から打つことによって先の気を養うようにしています。相手の技に対してよけっぱなしになる状態を避け、逆に相手の心の隙をとらえる余裕ができます。

　このように自分である一定の条件をつけて稽古すると下手との稽古の内容が濃くなるはずです。どんな好機のときにも柔軟に対応できる心構えがつくれます。

　審査員は「相手をどのように引き出して有効打突に結びつけているか」というところを見ています。審査時の相手は同年代で同じような力量を持っていると思います。その相手に対し、臨機応変に技が出せれば審査員の心も引きつけられると思います。

理のある一本を求めよ その積み重ねが質向上につながる

「勝ちに不思議の勝ちあり、負けに不思議の負けなし」といわれていますが、「なぜあの場面で打てたのか」「なぜ打たれたのか」ということを理解するのはとても重要です。一本が決まるには、それぞれ理由があります。このなぜきまったかを理解していくことによって自分の打ち間も理解することができます。自分の打ち間がわかれば機会に応じて技を出せますので、審査員をも納得させる一本を打てるのです。

「間合」とひと口に言っても、距離を意味する「間合」と時間的な意味合いを含める「間」があります。このふたつを理解することによって、打ち間を体得することができます。

高段位の人に風格があるのは、どのような状況でも対応できるからです。豊富な稽古量が経験となって体に染みついています。「さあ打ちなさい。打たなければ打ちますよ」という余裕の心に裏打ちされた自信があるのです。そこには巧みな間合取りがあります。

自分の間合をつかむためには、まず稽古で「初太刀一本を必ず取るのだ」という覚悟で臨むことが大事だと思います。相打ちを意識し、捨て身で打つことを心がけますが、ここで勉強したいのは「ため」です。

最初は出小手や返し胴を打たれると思いますが、打たれる経験を積むことによって、だんだんと出小手を打たれる前に面を打てるようになるはずです。

「いままでの面打ちとなにかが違う」と感じたのなら、それは時間的な「間」、すなわち「ため」ができた瞬間だと思います。「ため」ができると相手の打ち気や崩れを察知しやすくなるので、結果として打突が有効になる確率が高くなります。

私が本格的に八段をめざそうと思ったのは剣道特練を引退し、コーチとなってからです。三十八歳のときでした。上段を執ることをやめ、すべて中段で稽古するようにしました。「千葉君、遠間からまっすぐ面が打てるようにならないと八段は受からないぞ」

先生方からアドバイスをいただき、その通りにしようとしたのですが、最初はなかなかうまくいきませんでした。若手の特練員たちに出ばな小手や抜き胴を打たれることもしばしばで、どうしても担いでみたり、色をかけたりしたくなりました。

まだまだ妙な意地があったのかもしれません。「若手に負けてたまるか」という負けず嫌いな気持ち、そして「千葉は弱い」と思われたくない見栄がありました。しかし、あるとき

「人にどう思われたっていいのだ。自分の剣道で臨むのだ」と気持ちを振り切って面を打つ稽古に終始した結果、ためが足りないことに気がつきました。

この面を主体とする稽古に切りかえ、「ため」を意識できるようになるまで二年かかりました。その間、八割方は出ばな小手を打たれたと思います。しかし、二割の割合で決まった面打ちで「ため」を覚えることができました。

有効打突を追求するには、間合以外にも構えや手の内の冴えなど条件はたくさんあります。もちろん、間合以外のことから研究するのも大切なことです。入り口は違っても、ひとつひとつを解決していけば、おのずと高段位にふさわしい剣道につながっていきます。八段をめざす方はある意味、守破離の「離」を求めて自分で工夫・研究する段階に来ていると私は考えています。自分で目標を定め、それに向かってひたすらに努力することが大切です。

規則正しい日常生活を心がけているか 充実した気迫は道場だけでは養えない

私は八段審査を受審するとき、「一回で合格する」という目標を立てていました。伝統の警視庁で修行をさせていただき、師範でもある以上、全精力をかけなければいけないと感じていました。「落ちたら警視庁をやめる」という覚悟だったと思います。

お世話になっている先生、先輩方に「がんばれ」と励まされるたび、「後押ししてくれている」と感じていました。なんとかして期待に応えたい、がんばりたいと、いっそう闘志を燃やしたものです。

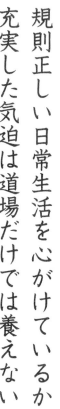

「なにがなんでも八段に受かるのだ」という覚悟は、日々の稽古で気迫となってあらわれるはずです。その気迫が稽古を充実させ、技量を向上させます。その積み重ねが審査の結果にもあらわれます。

また支えてきてくださった方への感謝も大切です。今まで生きてきた中で関わってきた先生や先輩、仲間や家族に対する感謝、信頼、愛情によって「よし、もうひとふんばりするぞ」という底力が沸いてきます。

審査を受ける前に、今まで多くの人びとに恩恵を受け、どのように剣道と関わってきたかを思い起こしてください。みなさん立場は違えども、さまざまな人からお世話になってきたはずです。「支えてきてくれた人たちのためにも、やるしかないんだ」という気持ちを、いま一度確かめてほしいと思います。

その感謝の気持ちがあれば、一分一秒をおろそかにすることはできないはずです。仕事をしながら稽古の時間をつくるのは大変なことですし、なかなか上達できなかったら悩むと思います。雑念を払うには、行動あるのみです。

「下手な考え休みに似たり」という言葉通り、悩みが頭から離れないのは休んでいるときです。私の場合、現役時代は毎日の練習でくたくたになり、休日は「いいや、寝て疲れを取るんだ」と言い訳をして寮で寝ることもありました。すると隣の部屋にいる仲間がどこか稽古に出かける物音が聞こえます。「ああ、みんなは自主練習でがんばっているのに、俺はなにをやっているのだろう」と情けなくなりました。

悩んで休むよりは稽古をやって気持ちを新鮮にするとよいのです。稽古をやりたい気持ちが強ければ、自然とケガや病気などにも気を配るようになり、休む回数が減ります。剣道の上達にもつながりますが、自己管理が上手になることも見逃せません。

私の場合、毎日五時三十分に起床するように決めています。警視庁では毎日朝稽古があった習慣が生きているのでしょう。いまも時々朝稽古に出掛けるようにしています。朝稽古がないときは本を読む、テレビを見るなどして過ごします。食事は七時三十分からと決めています。

生活リズムをつくることで、気持ちが整理できます。そこから心構えができると考えていますが、人間は弱いものです。しかし、日常生活即剣道であることは間違いありませんので、日々の少しの工夫からはじめることも大切ではないでしょうか。

有効打突につながる攻めがあるか

太田友康 範士

おおた・ともやす／昭和15年5月26日、香川県生まれ。小学校5年より剣道を始める。小豆島高校から東京教育大学に進み、卒業後、大阪市の高校教諭を経て、昭和43年より大阪市立修道館職員として15年間勤める。世界大会団体優勝・個人3位、全国教職員大会団体優勝、都道府県対抗優勝、全日本学生大会団体優勝のほか、国体、全日本東西対抗、全日本選抜八段戦などに出場。現在、㈶全日本剣道連盟普及委員会ならびに試合・審判委員会委員、㈳大阪府剣道連盟常任理事、大阪学校剣道連盟副会長、天理大学非常勤講師、同剣道部師範、大阪市立修道館剣道師範。平成5年剣道八段、同14年剣道範士。

崩れない構えを体得しているか

はじめに、立合前の礼法・着装などは、すでに習得されているものと理解して省略します。自分で少し気をつければ直るようなことを直さないで受審されている方が少なくない。立ち合う前にマイナス点がつかないよう心がけてください。

私が審査にあたって重視しているのは、まず構えです。構えをみれば、だいたいその人の稽古量、修錬の度合いというのがわかります。やはり修錬を積んできた人の構えは、無理のない自然体で安定していて動じない。位取りも品位・風格が備わっていると思います。これは平素の正しい、理にかなった剣道をめざし、稽古を積み重ねることにより、自然に備わってくるのではないかと思います。

ややもすると、剣道というのは崩れます。私も経験上、いつの間にか油断すると悪い癖がついているということのくり返しでした。常に基本というものを頭に入れながら、基本↓応用↓基本↓応用というサイクルで取り組まれたらいいのではないかと思います。

初段には初段の基本があり、二段には二段の、三段には三段の基本がある。四段、五段、六段、七段……八段には八段の基本がある。段のレベルによって基本があると、私は先生方から教わりました。常に基本にかえるという気持ちを忘れないでほしいと思います。

審査でときどき気になるのが、左手が中心から外れている人がけっこういます。左手が中心から外れていれば、相手の中心を取ることはできないし、たとえ当たったとしても評価されません。

ほかにも撞木足の人、面の物見《ものみ》（面金の横金の上から六本目と七本目のあいだ。他の面金との間隔よりやや広くなっている部分で、このあいだより相手が見えるように面を着けることが大切である）の位置が合っていない人、それが体勢的な問題として審査員の目には映りますので注意してほしいところです。

中段に構えたときの重心の乗せ方、力の配分は、稽古を積んで自分で会得すべきでしょう。松本敏夫先生は「配力」という言葉をよく用いられておりました。私は左足と右足の比重が七対三か八対二くらい。腰からスッと入ったときにパッと出られるような重心の移動を心がけています。いかに相手に起こりがわからない、ためた状態からストンと出られるような力配分、重心の乗せ方をそれぞれが研究すべきではないかと思います。

そして、動きのなかでも崩れないような構えをめざしてもらいたいものです。

腰から攻め込み、左足が残っていないか

次に注目しているのは、有効打突につながる攻めを限られた時間内にどう表現するか、ここが一番のポイントです。気攻めによって、相手の気が動き、構えが崩れたところをとらえ、心気力を一致させた一拍子で打ち込む打突があったかどうか。

これは常日頃に理合というか、合気になって攻める意識のなかで稽古をしていないと、なかなか本番では発表できないと思います。

相手の構えを崩すには、遠間から一足一刀の間に入る、この入り方が大切です。私も先生方から「入り方が、これから君らが苦労するところだぞ」と、ずいぶんご指導を受けました し、自分自身も難しいと痛感しているところです。

よくいわれるのが「気で先《せん》を取れ」という気攻めです。かたちだけでなくて気、言葉であ

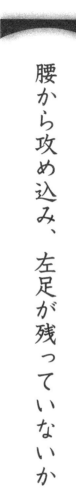

らわすのは非常に難しいですが、構えのなかで左手がきちんとおさまって、自分の気を、竹刀を通して相手の竹刀の剣先から柄頭まで貫いていくような、そういう気で攻める。左手をきめた状態から、腰を中心に構えを変えずに、自分の剣先を相手の中心に付けて、腰からそのまま攻め込むことによって相手の剣先が自分の中心から外れます。すり込む、という感じです。

そのとき、上半身に力が入っていると打ちが出ないので、入るときに腰から入る意識が大切です。

昔から「剣道は中心の取り合い」「鎬の攻防」と、いわれています。いつでも打てる体勢で中心を取って機会をつくり、取った瞬間に技が出せるかどうか、この習慣をつけることが合格の秘訣です。相手の構えが崩れていないのに、あるいは相手の剣先が生きているのにそれを外して打つような剣道は論外です。普段の稽古のなかで中心をいかに取るか、ということを頭に入れて取り組む必要があるのではないかと思います。

八段受審者との稽古の際に気になるのが、打ち間に入るときに右足だけで入る人とか、左足の引きつけが足りない人がいます。左足の引きつけが腰のすわった打突を生むので、腰から入る習慣を身につけてほしいと思います。八段審査でもこの左足の引きつけが足りない人がけっこう多いので注意してください。

攻めて、相手がどういう反応をしたか、「ためて」「待つ」ということも大事です。

私は、昭和四十三年七月より大阪市立修道館に十五年間勤務していた関係で初代館長の井上正孝先生をはじめ、関西在住の先生方にご指導をいただきました。

この攻めについては、言葉での指導ではなくて、稽古を拝見して感銘を受けた先生が何名かいらっしゃいますが、左手の位置が全然動かないで入るのが二代目館長の小森園正雄先生でした。左手がピシッときまって、剣先に力があり、剣の動きはそんなに速くないけれど、攻められているものですから、どうしようもできなくなってしまう。そういうことを自分で経験しながら、先生同士とか他の方とされるときの先生の稽古を拝見して、学ぶところがございました。

それから松本敏夫先生からも、この入り方の問題はずいぶんご指導いただきました。しかし、そのときはまだ十分に私自身がそのレベルまでいってなかったので、いわれていることは理解できましたが、なかなか表現するところまではできませんでした。

ほかにも斉藤正利先生、長谷川寿先生、重岡昇先生、池田勇治先生、木戸高保先生、西川源内先生、西善延先生……大先生方に稽古をお願いできました。そういう意味では非常に恵まれておりましたが、なかなか期待に応えることができませんでした。努力不足を痛感しています。

私はいまも腰から入るということと、左手の握りに気をつけて稽古しているところです。

合気の剣道を心がけているか

攻めの問題と関連して間合も大事です。互いに中心を取り合うなかで、「敵よりも遠く、我よりも近く」という教えがありますが、自分の間合に入ったならば、すぐさま打ち込むことができるかどうか。

何度もいうようですが、私が一番重視しているのは、触刃の間から自分の打ち間に入って相手を崩す努力、そういう姿を見たいです。そのことが心に響きます。さらにそこから有効打突に近いものが出れば文句なしです。

そのあとの問題としては、やはり打ち切ること。これも全身全霊で打突する習慣をつける。小手先の技は審査では通用しません。結果を恐れずに最後まで打ち切る、という気持ちが大切だと思います。

面を打ったあと、胴を打たれまいとして途中でやめてしまうということは普段の稽古から直していかないと大事なときに出てしまいます。

打ち切る習慣、捨て切るということ。それには技を出すまでの過程としてその攻めが大事です。そういうところを十分頭に入れて平素の稽古に取り組んでほしいと思います。

最後に残心です。これも非常に難しい。打ち切ったあと、おのずと残る備えがなければなりません。ふつう残心というと、心を残すということで理解されていますが、やはり打突行動のなかで心を残さないで捨て身で打ち込む、これが自然に心に残る、いわゆる残心ではないかと思います。捨て身でなければ残心は生まれない。前提になっているのは捨て身の技だと思います。

私自身、八段挑戦中に、ある先生から「太田くん、打突後の体勢がちょっと……」と、いわれたことがありました。自分では意識がなかったのですが、打った瞬間のピーンとした状態が続くように、稽古のなかで捨て切る、ということを心がけました。

以上のように、有効打突につながる攻めがあるかどうかが審査における一番のポイントだと思っています。そして、これが表現できるためには、やはり普段の稽古のなかで合気になる稽古、理にかなった攻防を心がけて稽古の質と量をあげていくことが大事ではないかと思います。

この合気の剣道ということは、小森園先生がよくおっしゃっていました。

「合気になってはじめて先生の気迫、あるいは理合、というものが感じられるようになる。体を通して理解し、それがあるから、逆にそれに対応する自分の理合というものを工夫せざるを得ない。先生の技をいただく、気をいただくという謙虚さがなければいけない」

どこを攻めて、どういう状態で打ったときに先生が「参った」といってくださるのか。まぐれで当たったとか、スピードにまかせて打っても、先生方は決して認めてくださいませんでした。打たれることを恐れないで先生方に指導を受けるという謙虚な気持ちが大切であるということです。

剣道はある程度身体で実践的に覚えていかねばなりませんが、その前に、ここを目標に、こういうところに気をつけて普段の稽古のなかで自分のものにしていくというくり返しのなかから、審査という限られた時間のなかで自分のペース、自分のリズムに相手を引き込む、これも大事なところではないでしょうか。

打つ前の仕事が重要である

鈴木康功範士

すずき・やすのり／昭和16年3月25日、熊本県生まれ。県立玉名農業高校（現北陵高校）にて国士舘出身の秋丸收先生に剣道を習う。卒業後2年間、家業の農業を手伝い、昭和36年、町田実寛範士のすすめで兵庫県警察に奉職。町田範士をはじめ、松崎哲夫、鶴丸寿一、木戸高保範士に師事する。13年間の選手生活を経て同49年から剣道指導員となり、剣道副主席師範で平成13年に退職。全国警察官大会優勝のほか、全日本選手権大会、都道府県対抗、国体、全日本東西対抗、明治村剣道大会などに出場。現在、㈶兵庫県剣道連盟審議委員・同選手強化委員長、神戸大学剣道師範、姫路獨協大学剣道師範。平成4年剣道八段、同16年剣道範士。

打ちたい、当てたいでは評価の対象にはならない

「審査ではここを見ている」という本題の前に、私が感じるのは、稽古をしないで受けている人が多いということです。うわての先生に懸からないで、ただ受審資格を得たから申し込むというのは論外です。自分から求めて稽古をし、それこそ死にもの狂いで取り組まないと八段にはなれないと覚悟すべきでしょう。

稽古をしっかり積んできた人というのは、すぐわかります。構え、着装からしておのずと「おっ、いいな」というものが感じられます。残念なのは、これまで多くの先生方が着装について申されているにもかかわらず、いまだに色あせた剣道着、あるいはおろし立ての袴をつけて審査に臨んでいる人がいることです。そんなことは剣道の内容と関係ないじゃないかと反論される人もおりますが、言ってみれば就職試験と一緒です。「どうぞ見てください」という着装を普段から心がけておく必要があります。

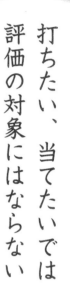

礼法でも、日本剣道形の解説書に「上座には約30度、互いの礼は約15度、前に傾けて、相手に注目しておこなう」と書いてあるのだから、それを遵守してほしい。また、最初に面をつけるときには、四人揃って着座してつけていますが、終わるとそのまま面を脱がずに退場してしまう人がいます。これも審査員の目には映ります。待っているときに竹刀を杖がわりにしていないか、審査場への入退場の際、一礼を忘れていないか、一世一代の晴れ舞台と心得て、細心の注意を払って臨みたいものです。

最近は立ち上がったときの構えはいいけれど、つくりすぎで、打っていったら崩れるという人も多いです。これは結局、上位の先生に懸かる稽古が足りないからだと私は思います。打たれてもいいから、懸かっていく。そして注意されたら、素直に聞く。自分の剣道を変えていかなければ向上はあり得ないのですから、できなくてもいいから、とにかく実践してみること。それから違う技にも挑戦していけばいいわけですから。

剣道は、その歴史からみて真剣を持っての斬り合いに準じたものでなければなりません。刀剣の代わりに竹刀を持っての打ち合いが剣道です。したがって剣道は、竹刀の持ち方をはじめ、打突の動作や稽古・試合の心組みなど、すべて刀を持った真剣勝負に則したものでなければならないと思います。

いわゆる剣道と剣道競技との具体的な相違点を理解しているか否かが問われてくるのです。

剣道は、「心」と「理合」を主とした打ち合い、気と気の攻め合いであり、剣道競技は「パワー」と「スピード」と「タイミング」を主とした「当てっこ」です。あなたの剣道は当てっこになっていないか、もう一度、出発点から見つめ直すことが求められているのではないでしょうか。

腕の使い方、腰の使い方、刃筋を見ている

私が八段に合格したとき、第一回の八段研修会が行なわれました。講師の先生方は、小森園正雄、市川彦太郎、森島健男の三先生でした。そのときに「打って勝つ剣道」ではなく、「気で勝って打つ剣道」が大事であることを教わりました。いただいた資料をもとに、具体的な相違点を列挙します。

打突動作の相違

①腕の使い方

「気で勝って打つ剣道」――打つ（斬る）ためには、腕全体で振りかぶって振り下ろすことが絶対条件である。

「打って勝つ剣道」――いま盛んに行なわれている、腕を伸ばして、竹刀を突き出し、当たる瞬間に手首を使って当てる。いわゆる「さし面」なるものや、肘から先の右腕だけで操作する打突などは、斬るための竹刀操作ではなく、当てるための動作である。

②腰の使い方

「気で勝って打つ剣道」――打つ（斬る）ためには腰が大切である。いかなる場合でも、腰を入れて打突しなければならない。

「打って勝つ剣道」――腕だけ伸ばして当たっても、腰が退けていたら、力が入らず斬れるものではなく、斬る（打つ）ための姿勢ではない。「先」での打ち込みばかりでなく、体を曲げて、腰を退き、背を丸めて「出小手」や「抜き胴」を打っても斬れるものではない。「当てっこ」である。

③刃筋のこと

「気で勝って打つ剣道」――いかに強く打っても、刃筋が通ってないと物を斬ることはできない。したがって、剣道では「手の内」に注意し、常に刃筋を正しく使うことが大事な条件である。

「打って勝つ剣道」――昨今、「平打ち」（竹刀の右側での打ち）の「小手打ち」や「右胴打ち」が多いが、これなどは「当てっこ」である。

打ち合いの相違

①形式の相違

「気で勝って打つ剣道」――真剣勝負で無駄打ちは許されない。打ち込んだ「一太刀」で仕留めるか、打ち込んできた相手の太刀を「技」で仕留めるか、この一刀必殺の初太刀の争いが剣道である。「一の太刀」で失敗したときに「二の太刀」さらには「三の太刀」で打ち合うのが剣道である。

「打って勝つ剣道」――「下手な鉄砲数打ちゃ当たる」式のものを多く見受けるが、刀でこのようなことができるはずがない。「竹刀競技」や「ただの打ち合い」といわれる所以である。

②二段打ちのこと

「気で勝って打つ剣道」――「二段打ち」というものは、最初の打ちで、小手なら小手を決めるべく精一杯に打ち込み、それが受け止められたりして不成功に終わった場合に、すかさず、続いて「二の太刀」で面などに打ち込むものである。

「打って勝つ剣道」――昨今、目立って多く使われている技に「小手―面」の二段打ちがある。最初の小手打ちは「誘い」か、次の面打ちの「準備」のためか、とにかく、これによって反動をつけ、次の目的とする面に伸ばす。しかも振りかぶらずに、下から突き上げるようにして腕だけ伸ばしている。刀でこのような動作はできるものではない。

以上、前者の「気で勝って打つ剣道」を念頭に稽古に取り組めば、おのずと八段が近づいてくるであろうし、反対に後者の「打って勝つ剣道」に思い当たるふしがあれば八段への道は遠ざかる一方でしょう。

私は、この教えを下敷きに、①肩、肘、手首の三点を使った腕全体で振りかぶって振り下ろしているか、②腰を入れて打突しているか、③刃筋を正しく使っているかなどを審査では見るようにしています。

また、「小高い丘から見下ろすような気分でやることが大切」と、教わったこともあります。

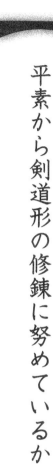

平素から剣道形の修錬に努めているか

昭和五十六年、私は警察大学校に半年間入校して、毎日びっしりと鍛えられました。森島健男先生と松永政美先生の指導でしたが、稽古はもちろん、剣道形を修錬することにより、剣道の本義・本質について考えるようになりました。

打突のとき、「送り足」と「踏み込み足」といった足の使い方や、刀と竹刀での打ち下ろす度合いなどの違いはありますが、「構え」をはじめ、打突動作や打ち合いの理合など、日本剣道形が「剣道」の代表的なかたちであります。

たとえば、最初の項目であげた立会前後の作法など、剣道形で身につけられる効果は大きいです。

また、目付け、呼吸法などを心得、終始充実した気勢、気迫をもって合気で行なうことにより、段位にふさわしい迫真性、重厚性を養うことができます。

さらに、各本ごとの理合を勉強することにより、「機を見て」打つ打突の好機とか、緩急強弱、一拍子、一寸の見切り、手の内、足さばき、十分な気位と残心など、剣道と形とは車の両輪のようなものです。

したがって、いつも剣道形を基盤とした打ち合いを心がけ、常に剣道形の修錬に努めなければならないと私自身、肝に銘じています。稽古前三十分間でもやるべきではないでしょうか。

最後に、八段を受審される方の稽古のあり方について申し上げます。

一、打突したとき、相手が「参った」というような打ちができること。
二、技としてほんとうに良い技は、一本打ちで有効打突になること。
三、遠間で攻防して、打突ができること。（一足一刀）
四、攻めて打突する機を作り、このとき、思い切り打つこと。（捨て身）
五、相手を引き出し、すり上げ、応じ技ができること。
六、自分の剣先が相手の中心、または体から外れぬこと。
七、打突後の残心が大事。（匂うがごとき残心を示す）

以上七点を平素から頭に入れて稽古し、風格のある剣道を創りあげてほしいと念じます。総合的に、品位・平常心・気の攻め合い、実力（強さ）・気剣体一致、すべて十点満点になるように努めてください。

私は農家の出なので、よく畑仕事にたとえるのですが、「いい肥料を与えないと、いい米は育たない」といいます。打つ前の小さな「仕事」が、大きな感動を呼ぶ一本になるのです。それには愚直に、ただひたすら「考えた稽古」を積み重ねるしかないのです。

清藤幸彦 範士

きよふじ・ゆきひこ／昭和5年3月4日、鹿児島県生まれ。小学校1年時より父武彦の指導する大連満鉄沙河口道場で剣道の手ほどきを受ける。星野仙蔵、篠原義雄、高野茂義、阿部三郎、家永喜代次、上田芳五郎、西川源内各先生に指導を受ける。戦後、郷里鹿児島へ戻り、民間企業勤務を経て、昭和30年3月航空自衛隊発足と同時に入隊する。同56年3月退官。国体20回出場、都道府県対抗10回出場、全日本東西対抗5回出場など。現在、奈良県剣道連盟相談役、奈良市中央武道場（鴻ノ池道場）指導員、富士通テン㈱剣道部師範。平成3年剣道八段、同11年剣道範士。

攻められたら攻め返せ
気のやりとりから技を発しているか

無駄打ちは禁物
刃筋正しく打突しているか

はじめに私事で恐縮ですが、奈良国体が開催された昭和五十九年、私は、その三年前に航空自衛隊を退官し、奈良県剣道連盟の事務局長に就任したばかりでした。選手候補は国体の担当者となった私を含めて、一般の会社員が主力の状態にありましたので、国体の成功と県勢の実力向上について考慮し、毎夕の稽古に週三回、朝六時から七時までの基本稽古を加えることにしました。

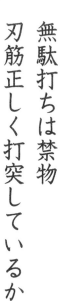

稽古は二人一組になって、切り返しを三回以上、正面打ち、小手打ち、二段打ち、突き、胴打ち、応じ技、体当たりなどを済ませ、最後に掛かり稽古を三回以上課しました。それをこなした後に互格稽古や試合稽古を行ないました。

朝稽古で基本を徹底した目的は、我流になって、悪い癖がついてしまっているところを修正することにありました。最後に必ず掛かり稽古を課したのは、段が上になると、どうしても掛かり稽古の回数が減ってしまうのを防ぐためと、捨て切って打つための練習をするためでした。その際に重点を置くのは、構え、体さばき、足さばき、打突の基本、間合の使い方、気の養成などです。

朝稽古は全国各地でも実施されていますが、奈良で八段が幾人も生まれていることは、この基本稽古が功を奏しているのではないかと強く感じています。奈良国体を機に始まった基本中心の朝稽古は、今も継続され、今年（平成十八年）で二十五年になります。

さて、私は五十歳半ば頃、西川源内先生にお稽古を頂戴していた最中に、突然、稽古を中断されたことがありました。その場で先生から、「無駄打ちが多い。刃筋が通っていない。八段は無理だな」とズバッと言われました。この瞬間、私は「ハッ」と目の覚める思いが致しました。それからです。私が真剣に八段の修行に取り組みはじめたのは……。

今、審査をする立場に立って、あのときの先生の言葉がよく理解できます。

無駄打ちについて考えてみますと、審査では、〝打ち過ぎ〟に見える人がいるのです。構えも内容も良くて、相手を圧倒しているのに、打ち数が多いためにかえって審査員の目には無駄打ちと映ってしまうのです。審査の時間はわずかです。時間内に有効打突を決めたいからと、隙もないところをむやみに打っていくだけでは、気の攻防が感じられません。したがって、相手を攻めておいて、反応を捉えて打突にいくことが必要になりますが、ここは強い気持ちで攻めないとできません。

また、刃筋に関しては、互いに中心を攻め合う場面で、刃筋を通していなければ、相手を崩すことはできません。剣先を付ける位置は人によって異なり、自分なりに工夫した持ち味があります。私個人の意見としては、攻める場合は、剣先を効かせるために、少し低めの位置がよいのではないかと思っています。

打突の機会を得ることも刃筋を通すことも、当然心の持ち方が影響してきます。それらが呼吸と深くつながっていることによくよく注意して、相手を見抜かねばなりません。いずれにしても、平素から刃筋正しく打突する稽古を積んでいないと、そういった微妙な気配や感触をつかむことはできないと思います。

隙があったら逃さない
隙がなければ気攻めで崩せ

私は審査の場においては、まず、受審者の道衣や道具の着装、礼儀作法に着目します。

次に姿勢と構えに目を移しますが、背筋の伸びていない人、足の踏み方の良くない人がときどき見受けられます。少なくとも八段をめざす方であるのなら、これらの要素は日頃から留意して稽古しなければなりません。

そうして大切なのは、間合と間の取り方です。そこで最も重要になるのは「気の攻め」と「打突の機会の捉え方」であります。

審査に臨んで心がけなければならないことは、対戦者の癖を遠間から素早く見抜いて、正常の間になって、中心を取る。と同時に、間合を詰めて、捨てて打ち切ることです。遠間で相手の気配を感じることが大切なのは、そのときに必ず相手の目や足、剣先に動きが出るからです。

その際には絶対に退かないこと。怖がらずに相手を迎え撃つという気持ちを持つことです。相手の攻めに対して動じない姿は、どこからでも来いという心構えの現れとなって映ります。

お互いに技においてはそう大差ないのですから、気合・速さ・正確さが結果につながります。良いところを打とう、打たれまいとする心は一瞬の遅れを生じさせるものです。攻められたら、攻め返す。打突にいくまでには自他において心の闘いがあるのです。相手との気のやりとりがあって、ここから闘いが始まるといってもいいでしょう。ここで、相手につられて前へ出て打ってしまうと、効果がないばかりか、反対に打たれてしまいます。打つべき機会ではないからです。

〝攻め合い〟をするということは、相手の隙を見るということです。しかし、相手に隙がなければ、相手を引き出して打突の機会を作らねばなりません。ともに〝隙あらば打って出る〟という気構えは同じです。力が拮抗している場合、どちらにも隙がないか、隙を作れない状態にあります。その観点に立つと、審査の結果は相手にもよりますし、打ちを出せない可能性もあるということになります。

そこで、相手に隙を作らせるという工夫が不可欠になりますが、具体的に言うと、やはり、気で攻めて崩すということになるでしょう。こちらの心に攻めがあると、相手は竹刀を抑えてくる、前に出てくる、などといった微妙な動きが表面に現れるものです。間の攻防の大切なポイントです。

では、気攻めのときに自分勝手に間に入ってくる人には、どのように対処したらよいのか。近間での間の攻防、気の攻め合いをせずに、どんどん入ってくる人に対しては、私は諸手で突いています。これは迎え突きではなくて、攻め突きです。

審査においては時間も考慮しなければなりません。八段の審査は二分間の勝負です。したがって、時間内に有効打突を得ることが絶対の条件となります。審査においては、相手の気・剣・体の状態をいち早く見抜き、機会をつかむや否や、相手の心を打ち抜くつもりで、強く打ち切ることが前提です。気持ちが構えや形にとらわれすぎると、積極的な「気の攻め」がなくなり、「打突の機会の捉え方」が不充分となって、有効打突に結びつきません。
二、三年前の私の会場における出来事でありますが、受審者二人が蹲踞から立ち上がり、ジリジリと詰め寄って一足一刀の間に入りました。ともに立派な構えです。審査員一同、固唾をのんで、いつ打ちを出すのか、今か今かと見守っておりました。しかし、結局、一本の打ちも出さないままに、二分が過ぎてしまいました。これでは評価の仕様がありません。打ちたいのだが、打てない。普通、人間の心理として打ちたい！　打とう！　という気持ちが働きます。しかし、それを超えるところに意義があるのです。当人同士は夢中になっていてわからないので、審査の稽古をするときには、時間の感覚を養っておくことも必要です。
また、せっかく一次審査に合格した方の二次審査を拝見して、たびたび感じることは、姿勢や形にとらわれすぎて、肝心なときに気攻めが見られず、不合格となる人が多く残念なことです。

以上は審査に臨んでの心がけでありますが、平素から〝事理一致〟といわれるように、心の修行も積まなければなりません。

正しい姿勢、正しい心構えで修行に励んでいるか

昇段審査に合格した方は、普段通っている道場での稽古も熱心ですが、よく出稽古に行っているようです。

私も四十歳代には、課業を済ませると、大阪の修道館へずいぶん通いました。まだ斉藤正利先生、長谷川寿先生、重岡昇先生、小森園正雄先生といった方々がご健在でした。先生方はみな気で攻めてこられます。大先生に掛かって行くので、こちらも自分の気持ちのなかに、「負けないぞ」という強い気持ちを張って臨んでいました。気のやりとりは、まるで互いに一本の糸がピーンと張られた状態のようでした。そこで、打突の機会をうまくつかめるかどうかが問題になってくるわけです。先生が気でグッと出られたところに間髪を入れずに打って出られるかどうか。そこを狙いとする稽古。つまり、引き立て稽古をしていただき、鍛えられたように思います。

昭和四十九年夏から、全日本剣道連盟の剣道中堅指導者講習会（通称・柳生講習会）には、地の利もあって、十回参加致しました。講師としてお見えになったのは、堀口清先生、小川忠太郎先生、西善延先生、森島健男先生で、普段なかなか稽古をお願いすることができない先生にも、ご指導をいただきました。

小川忠太郎先生には、毎日一番に掛かっていきましたが、先生は中心を外されません。ここだ！　と捨て切って面に行った途端、先生の竹刀が私の竹刀を弾かれたような衝撃を受けました。そうか、この感覚が〝切り落とし〟の面というものだと得心しましたが、相手の気を察して動かれたということなのでしょう。朝稽古に入る前の坐禅で、先生のお姿そのものが〝木像〟のようで、感銘を受けたことを覚えています。

多くの先生方に受けたご指導が、今日の私の基礎になっているのは間違いありません。剣の向上、技の上達を図られるなら、自らの努力と向上の場を求めることです。

平素から、基本に忠実な稽古を身につけて、剣道の理合を知り、正しい姿勢、正しい心構えで修行しなければなりません。正しい心構えというのは、先生にお願いするときは尊敬の念を抱くということ。下の者に対しては、慈しみの気持ちで稽古をするということです。

人間一心になって努力すれば、報われるものと思います。昇段をめざして努力されておられる先生方が、生涯修行を目標に稽古に励まれることを祈念致します。

石田榮助 範士

いしだ・えいすけ／昭和12年8月19日、鹿児島県生まれ。県立甲南高校在学中に剣道を始める。同32年鹿児島県警察官拝命後、九州管区大会、全国警察官大会（団体・個人）などに出場。同34年から14年間、機動隊に在隊。同37年岡山国体で優勝したほか、都道府県対抗、全日本東西対抗などに出場。平成10年3月退職。同13年より鹿児島県剣道連盟副会長、鹿児島市剣道連盟副会長をつとめ、現在に至る。平成元年剣道八段、同16年剣道範士。

審査では晴れやかな姿を見ていただくことが大切

所作に美しさがあるか

審査で合格されている方は、おのずと周囲に与える雰囲気が違います。立礼を交わすときから、動きに戸惑いや不必要な気負いがみられません。品格や風格が備わっています。無理や無駄がない動作はそのあらわれだと思います。相手と立ち合う以前に己れに打ち克ち、風格を身につけることが大事です。

高段位の方に求められるのは、まず品格だと考えております。凛とした雰囲気をもっている方の立ち姿は、観る人の心を打ちます。六段、七段、八段ともなれば、指導者として後進の模範とならなければいけません。後進の方々は、指導者のしぐさを自然と真似するものです。

立礼をする際は上体を15度傾けますが、これが首のみをかがめるかたちでは品格があるとはいえません。開始線まで進み出る際も、本来ならすり足を使いますが、歩み足で前に出、何気なく竹刀を抜いて蹲踞する方も散見されます。心のなかで「どのタイミングで竹刀を抜くのか」などを決め、平素の稽古で意識することは大事です。動作がかたちづくられ、美しさが生まれます。

私は着装にも着目しています。面を着けたとき物見から目が外れているのは、よろしくありません。その場合、「あごを突き出して上を向いている」もしくは「あごを引きすぎている」といった原因が考えられます。あごの角度ひとつで全体的な品格が損なわれる場合があります。面のかぶり方ひとつでも、意識せずに着けている方が多いので、注意していただきたいところです。

また、左足のひかがみが必要以上に曲がっている方を多数見受けます。姿勢に大きな影響を与えるので、ひざの位置を絶えず確認していただきたいです。ひかがみは、曲げすぎても、伸ばしすぎても、すぐさま打突に移れる態勢ではありません。硬直させず、なおかつ適度に張りをもたせることが肝要です。

普段の稽古から、ひとつひとつの所作に気を配っていれば、おのずと自然な動きになってきます。こまごまとしたことではありますが、周りに与える印象ががらりと変わることもあります。

しかし、自分では自分の姿を見ることができません。周囲の方からのご意見は大変参考になるものですが、指導者の立場にいらっしゃる方はなかなかその機会に恵まれません。そのため、自分自身で研究を重ねることがより大事になってきます。

私の場合は、常に姿見（全身が映る大型の鏡）を使い、癖などを矯正するようにしています。鏡は大和言葉で「仮我見《かがみ》（仮の我を見る）」と書き、自分の偽らざる姿をみせてくれます。前からだけではなく、横から、斜めからなど、あらゆる角度から見るようにします。矯正をくり返すことによって、「今日はどうだったのだろうか」と反省し、次に生かすことができます。

動きからぎこちなさが取れれば、自然体に近づくことができます。よどみのない心は、溜めや気位にも通じ、おのずと自分の剣道を高めることができます。見せかけの着装や礼法は、受審者そのものが見せかけとなることを肝に銘じるべきでしょう。

打ち込み、掛かり稽古で先の気を練っているか

会心の一本を打った方は、打突や構えそのものに勢いを感じます。ここでいう「勢い」とは、力や素早い身のこなしという意味ではありません。

攻めを利かせると、相手を威圧することができます。理にかなった一本は、そういった気の充実から生まれます。たとえ有効打突となった技が一本だけでも、気を充実させた立合そのものが評価されるでしょう。

実技審査は、わずか二分間です。技数も限定されてきます。ですから、有効打突の本数は直接審査を左右するものではないと考えています。部位が外れていても、理にかなった攻めをみせ、適正な機会で打突すれば、高段者の一本と認められます。実際、そういった技前をみせた方々は合格されています。

ご存知のとおり、昇段審査は狭き門です。どんなに肚を決めて臨んでも、いざ立ち合うと

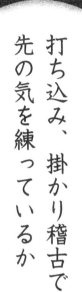

「他の人よりもいい立合をして合格したい」という焦りが生まれることがあります。力みすぎ、理合を無視した打突が散見されます。しかし、その場合どんなに部位をとらえても審査員には受審者の焦りが見えています。疑問符の残る立合になりかねません。

無駄打ちは、己れの不安から生まれます。しかし、その不安を乗り越えなければ捨て身の一本を出すことはできません。「心気力一致」という極意のとおり、毎日の稽古に加え、気持ちを高く持つことを常に心がけていたいものです。

捨て身で一本を打つためには、「ここだ！」と思った機会で迷わず体が出なければいけません。ただ、緊張する場面では、体が動かないことも多々あります。実際、私も八段審査で京都入りしてから、面が打てなくなったこともありました。そのとき一緒に受けた同僚の有満政明氏にお願いし、心気を充実させるために、ひたすら打ち込み稽古を行ないました。そうすると、緊張が適度にほぐれ、審査に臨むことができました。

地元鹿児島での稽古では、つとめて打ち込み、掛かり稽古をお願いするようにしていました。次、次と打ち込むため、先の気が養われます。年齢とともに、運動量の多い稽古は疎遠になりがちです。しかし、心気を養うためにも出来る限り取り組みたいものです。

反復練習により、足腰の強さ、正確な打突が身につくのも見逃せません。審査で合格される方は、基本稽古に裏打ちされた、しっかりとした打突をみせています。

まれに、面を打突した後、必要以上に両腕を上げて「万歳」のような残心をとる方がいます。それは、試合剣道で身についた一種のアピール方法かもしれませんが、そういった癖は、打ち込み稽古で矯正することができます。

「箸《はし》よく盥水《ばんすい》をまわす」という言葉があります。お箸で、大きなたらい（盥）に入った水をまわすのは容易ではありません。しかし、根気よく続ければいつかは全体の水がまわりだします。同じように、根気よく稽古を続ければ、理想の一本を打てるようになるのではないでしょうか。

捨て身の一本は、お相手のみならず審査員の目を覚まします。そういうところに主眼を置いた稽古を心がける人ならば、八段合格も夢ではないと思います。

絶対に合格する！ という覚悟が必ず立合に映る

八段審査の合格率は、約一パーセントと、「日本一の超難関試験」として知られています。

約一三〇〇名の受審者の心模様はさまざまです。なかには「受審資格を得たのでとりあえず受けてみる」といった方もいるようですが、覚悟のみえない立合は、審査員の目にもどこか頼りなく映っています。ひとつひとつの動きがぎこちない方もいれば、空威張りで胸を反っている人もいます。そういった方々の不安は、審査員にも感じ取ることができます。

覚悟が決まっている方は、背水の陣のような気持ちで臨んでいますので、気迫が違います。攻めにも妥協がありません。お相手のみならず、審査員の心に響く重みのある一本を打っています。日ごろから、「合格したい」と念じ、日々心を練っているのが伝わってきます。

立ち上がりから一歩足を踏み出してからも、とても綺麗に映ります。立ち姿が綺麗な方はたくさんいらっしゃいますが、足さばきが綺麗な方は、ごく少数です。無我夢中になっているので無心の動きができるのでしょう。

無心の動きができるまでに至る道は、平坦ではなかったはずです。昇段への思いが募れば募るほど、悩みは深くなるものです。ですが、迷いを払わなければ心は晴れず、納得のいく立合をすることはできません。

以前、鹿児島県警察でご指導いただいた中倉清先生から、心の悩みを払う教えを頂戴したことがございます。

「お前たちは、打たれることばかり心配している。今までやってきたことを審査員の先生方に見てもらうのだから、花道を役者が出ていくが如く、堂々と、晴れやかな気持ちで自分の剣道をやりなさい」

審査を受けるからといって特別なことをしても、それは見せかけにしかすぎません。あるがままの姿をみてもらう気持ちこそが大事だと、諭してくださいました。

私は三回目で八段審査に合格しました。受審を重ねるにしたがい、心構えがずいぶん変わったと思います。初めて受けたときは、小手調べのような気持ちでした。二回目は、「少し頑張らないといけない」という焦りがありました。三回目のときは、「俺は、遠方鹿児島からわざわざ来ている。相手に打たせるわけにはいかん」という覚悟が生まれていました。合格したときには、自分でも今まで打ったことのないような小手・面を打つことができました。自分が思っている以上に、相手を気迫で押していたのだと思います。

当たり前のことを積み重ねていくと、最後には特別なことになります。平素の稽古で、練って練って練り抜いて、あとは健康を保って、迷ったら打ち込み、掛かり稽古。目標をもって計画的に、日々の稽古を工夫することが「ほんまもん」＝八段への道ではないでしょうか。

内面からほとばしる気の勢い、迫力があるか

忍足　功　範士

おしたり・いさお／昭和19年12月1日、千葉県生まれ。青木正明氏の下で剣道を始める。安房高校から法政大学に進み、卒業後、千葉県警察に奉職。高校時は池田孝男、大学時は丸山義一、千葉県警に入ってからは糸賀憲一、馬渕好吉各先生方の指導を受ける。全日本選手権大会、都道府県対抗、全日本東西対抗、明治村剣道大会、全日本選抜八段戦などに出場。現在、千葉県警察術科師範、㈶千葉県剣道連盟常任理事・同強化委員長、法政大学剣道部師範。平成6年剣道八段、同17年剣道範士。

主導権を握っているのはどっちか

審査というものは、第三者（審査員）に自分の剣道を評価してもらうものです。自分の中で納得するだけで終わらせず、周りの人が「高段位にふさわしい剣道である」と評価してくれなければ合格することはできません。

そのためには相手に攻め勝つことが大前提です。お相手がどのような剣風でも、また、どのような実力の持ち主でも、まず主導権をとらなくては、会心の一本につながらず、審査員の心をひきつけることもできません。

よく相手によって得手不得手があるという話をうかがいますが、そういう苦手意識は極力減らしたいものです。そのような意識は迷いや気後れにつながり、隙を与えるきっかけになります。

攻め勝っている人は、動作と攻めが直結し、理にかなった動きで相手を追い詰めています。

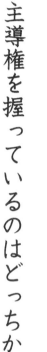

合格される方に気迫や勢いがあるのはそのためです。攻めなくして感動を与えることはできません。闘志の出し方には、動のタイプ、静のタイプ、それぞれあると思いますが、どちらにしろ、審査員に伝わる迫力というものがほしいと思います。

一方、立ち姿、攻め姿、打突時の姿も見ています。よくいわれるのが、立ち上がったときの構え姿はいいけれども、攻めていくと崩れる、あるいは打ったときに崩れる、という人が多いようです。迫力も大事だけれども、姿（美しさ）も大事です。要は、有効打突の条件を満たした、バランスのとれた剣道かどうかというところを審査員は求めています。

また、審査ではよく面を打たなければいけないと面技に固執している方がおられます。もちろん面技は技としても基本中の基本で、面が打てるようでなければいけませんが、面以外の技は不要というわけではありません。他の部位を攻めることにより面技を打つ機会も生まれます。攻め口をたくさんもっていれば、臨機応変に体を動かすことができると思うのです。

審査員も、自分の経験則と照らし合わせていますので、理にかなった動きには、なにかしら感じるものがあります。「有効打突につなげるために、的確な判断のもとで攻めている」と判断します。反対に理のない動きをしている方は、どこか手詰まりな印象を与えてしまいます。

限られた時間で自分の剣道をやりきれるか

高段位審査の場合、一回の立合につき、与えられる時間は一分半～二分弱です。その短い時間で持てるすべての力を出さなければいけません。試合、とくに個人戦では時間無制限の延長戦もありえますが、審査ではそうはいきません。そうなると限られた時間内での組み立てが重要になってきます。

無駄を省き、与えられた時間でなにをすべきか、その立合の筋書きを考えることが大事だと思います。もちろん、考えるといっても「最初は面を打ち、次は小手」という技の構成のことではありません。相手とさぐり合うなかで、勝負をかけるときを想定し、それに応じた技を出していく展開のことです。

有効打突を奪うためには、まず相手のタイプを見極め、どんな技が有効なのかをさぐり、なおかつ攻め勝って打突に結びつけます。二分間でやらなければならないのですから、大事に時間を使わなければいけません。

さぐりを入れる時間はある程度は必要ですが、夢中になりすぎるとさぐったままで立合が終了してしまいます。相手の意図をさぐり、なおかつ勝負をかける時間を想定しながら立合をすすめます。出るべきところで無心に技を出し、出てはいけないところではグッと自分の気持ちを抑える判断ができているのなら、二回目の立合をみる審査員の目が変わります。

立合を想定した稽古をすると、本番の心の持ち方に余裕が出てくると思います。二分ごとに区切っての稽古も模擬審査的内容になるでしょう。稽古をいただくお相手によっては二分間だけ稽古をお願いするというわけにはいきませんが、審査時間を体に染み込ませるように心がけることは効果があると思います。審査というものを常に身近に感じることができます。

ただ、審査本番では相手も並々ならぬ決意をもって臨んでいるでしょうから、なかなか思うような立合ができないのは、ある程度仕方がありません。「相手はここで面を打ちそうだ」と思っても、実際は前に出てくれないときもあります。

予想と違う展開になると、不安に陥りがちになります。すぐに次の手を講じなければいけませんが、往々にして、迷っているうちに自分から崩れていくことになります。

たとえ不利になっても、気持ちを切らさないことが大切です。気持ちが切れていない人は立合の流れをつなげていますので、挽回が可能です。「ここだッ」というヤマ場を察知し、捨て身の勝負をすることができます。その気持ちを持続させれば、二回目の立合も良い状態で臨めます。

反対に、たとえ有利な状況をつくれていても、有効打突を求めすぎるあまり、焦って技を出す方もいます。その場合、たとえ技が当たっても気が持続しているとはいえません。最初見事な面が決まっても、すぐ同じようなところを取り返されると「この人は本当に実力があるのか」と審査員が首をかしげてしまいます。

また、よい技が出たあとは、どうしても守りに入ってしまいがちです。しかし、そこで気持ちを入れ直し、「いくぞ、突くぞ」という覚悟があれば、さらに気持ちを充実させることができます。尻上がりに盛り上がる立合となり、自然と審査でも際立ちます。わずか二分弱でも、たいへん見応えのある立合になるでしょう。

アドバイスを整理集約し、ポイントをしぼって稽古すること

審査のために稽古しているわけではありませんが、審査に向けた稽古が結果として人間形成につながるようでなければならないと思います。半年に一度しかないチャンスをものにするためには、それなりの覚悟と準備が求められます。

まず、目標を設定することです。悩ましい問題が山積している状態でやみくもに稽古の量を増やしても、効果はあがらないばかりか、かえって悪い癖がついて逆効果です。

稽古の質をあげるためにも、たゆまぬ研究、創意と工夫、そして何より反省と見直しが大切です。

「今日の稽古はあれでよかったのか」と謙虚に反省することです。打つことができた場合は、なぜ打てたのかをフィードバックし、次回の稽古から、同じ場面が来たら何度でも打てるようにする。相手に打たれた場合は、それこそ弱点ですから、どう克服したらいいのかを自分

なりに考える。

同時に、第三者からのアドバイスを素直に聞くことが大切です。同じことを複数の方から指摘されたのなら、それは欠点である可能性が大です。「手の内が悪い」「足が悪い」「腰が引けている」など、さまざまな注意を一度に頂戴すると、どこから手をつければいいのか迷ってしまいがちです。

したがって頭のなかで整理することが肝要です。整理をすると、どこを直せば全体的な改善がみられるのかがはっきりしてきます。たとえば「打突時にあごが上がる」「前傾姿勢になる」といった点は、腰を入れた打突を心がけることによって改善されます。

悪い癖は長年の経験によってついたものですから、なかなか直すまで時間がかかります。根気よく、少しずつ直していく必要があります。今まで手の内を絞りすぎた構えをした方が、「ゆったり構えなさい」といわれても、急にはうまくいきません。そのとおりにすると、どこかしっくりとこないので気迫がこもらない。いわゆる、かたちだけの構えになりがちです。なるべくポイントをしぼって、少しずつ意識をして矯正することが上達の秘訣です。

稽古は根気のいる作業のくり返しです。時には集中力が切れてしまうこともあるでしょう。苦しくても「もう一本だけがんばろう」という気持ちで臨めば、その分きっと人間性も向上するはずです。

稽古をくり返す過程に審査があります。山あり谷ありの道を経てきた受審者には、おのずと「あれだけ稽古をがんばったのだから」という自信が生まれます。自信を持った方の立合は、おのずと内面からほとばしる気の勢い、迫力といったものが出てきます。それが審査員の心を打つと思うのです。

気崩れ、打ち崩れ、打たれ崩れがないこと

遠藤勝雄 範士

えんどう・かつお／昭和15年12月15日、宮城県生まれ。県立飯野川高校にて武山松五郎、乳井義耀両範士に指導を受ける。国士舘大学にて斎村五郎、大野操一郎、小野十生、堀口清、阿部三郎、伊保清次各先生の指導を受ける。卒業後、宮城県高校教員として奉職。飯野川高、仙台第三高、柴田高、松山高教頭、県立ろう学校教頭、石巻養護学校校長を経て、平成13年定年退職。宮城国体優勝のほか、都道府県対抗、全日本東西対抗、全国教職員大会などに出場。現在、宮城県剣道連盟顧問、仙台市剣道連盟会長、仙台市武道館剣道主任師範、東北大学剣道部師範、全日本剣道連盟試合・審判委員など務める。平成5年剣道八段、同16年剣道範士。

審査上の着眼点を認識しているか たとえば着装、礼法は……

八段は、「剣道の奥義に通暁、成熟し、技倆円熟なる者」に与えられる剣道界最高段位であります。したがって八段受審者は、剣道をよく知っていること、そしてその内容が豊かで理合とか、品位・風格が求められます。

しかし、意外とこの条文を知らない受審者が多いようです。まずは段位の付与基準や審査上の着眼点を認識し、審査に臨むことが必要ではないでしょうか。

私の場合、第一の着眼点は着装がきれいかどうかを見ています。服装の乱れは心の乱れといいます。袴の裾が前上がり・後ろ下がりになっていないか、剣道着の襟元が後ろに下がっていないか、背中にしわが寄っていないか、面紐の長さは規定どおりか、面の物見が合っているかなど、案外できていない人が散見されます。正しい着装ができていて当たり前なので普段から気をつけたいポイントです。

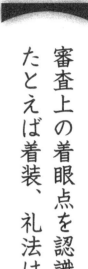

次に礼法です。これは『日本剣道形解説書』の「立会前後の作法」にしっかり書いてあります。それに準拠した蹲踞ができているか。とくに終わったあとの蹲踞から立ち上がるときに、右手を腰にとりながら退場するという高段者であれば基本的な所作ができていない人が見られますので注意していただきたいと思います。

それから立ち姿は自然体かどうか、構え全体から品位・風格が滲み出ているかどうか、などを見ています。

好印象の方は、やはり基本に忠実です。左手、左足、左腰のおさまりがよく、相手の攻めにも動じません。腰が入り、背筋が伸びて目線が一定になっています。また、腹に力が入っているので左手が自然とへその前におさまっています。自然体のまま正しい構えを保っているようにみえます。構えのおさまりがいいと、動きに無駄がなくなります。たとえば、左右の足の指先を相手にまっすぐ向けている状態だと、スムーズに体を動かすことができます。

反対に、年配の人に多く見られるのが、半身《はんみ》の構えで撞木足になっているケースです。左足の指が前を向いていないと迫力のない打突になります。加齢とともに股関節はかたくなり、撞木足になりやすい傾向がありますが、極力相手に向けるように努力していただきたいと思います。

正しい構えのまま立ち合うのが理想ですが、相手の攻めを受けながら平常心を保つのは難しいと思います。しかし、心が動揺をみせればおのずと体のどこかに崩れが生じます。目線や姿勢、足幅などが崩れ、居つきなどにつながります。

体が崩れている打突は、かたちそのものの印象が悪いばかりか、有効打突の条件に合わず、高段位者の打突とは認められません。私はこの状態を「打ち崩れ」と呼んでいます。「打ち崩れ」は、受審者本人は捨て身で打っているつもりでも、審査員からは破れかぶれの一本のように映ります。

そもそも、体が崩れている状態では攻めが効きにくいものです。攻めが相手に伝わっていないのなら、攻めたとはいえません。高段位をめざす人は、気崩れ、打ち崩れ、そして打たれ崩れしないように、堂々と立ち合いたいものです。

しかし、あまりに立ち姿を意識しすぎると、攻めがおろそかになり、体から勢いが失われてほどこす技も精彩を欠いたものになるので要注意です。

高段位審査を受ける方は、それなりの稽古を積まれた方ばかりですので、姿、形にとらわれることなく、打つべき好機をとらえて打ち切ることができているかが大切と思います。

また、有効打突がないまま時間が過ぎると、あせりの心が生まれ、打ち急ぐ気持ちが先にたって、打ってはいけないところで打つ「無駄打ち」を引き起こします。たとえ打突部位をとらえたとしても、会心の一本であるとは言いがたいでしょう。

品位のある構えは、攻めにもつながります。おのずと審査員の目を引くような立合となり、会心の一本へつながるのではないでしょうか。

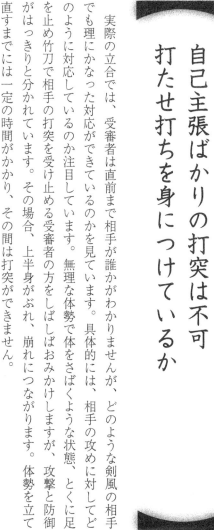

自己主張ばかりの打突は不可 打たせ打ちを身につけているか

実際の立合では、受審者は直前まで相手が誰かがわかりませんが、どのような剣風の相手でも理にかなった対応ができているのかを見ています。具体的には、相手の攻めに対してどのように対応しているのか注目しています。無理な体勢で体をさばくような状態、とくに足を止め竹刀で相手の打突を受け止める受審者の方をしばしばおみかけしますが、攻撃と防御がはっきりと分かれています。その場合、上半身がぶれ、崩れにつながります。体勢を立て直すまでには一定の時間がかかり、その間は打突ができません。

先を取ることは攻めて打つ上で大前提となりますが、受験者の多くは相手の動きを目のみで追い、出ばな技のみを狙っているようにみえます。先の技はもちろん大切ですが、互いに先の技ばかりを狙えば、相手の勢いを打ち消すような、自己主張をするばかりの打突になります。むしろ相手を充分に引き出すような気持ちで臨むと、相手と会話をしながら立ち合うことができます。

相手がいい気分になって出てきたところをすかさず打っているので、審査員の目を引く立合となるでしょう。相手に打たせながら打つ打突を、私は「打たせ打ち」と呼んでいます。相手とのやりとりに勝ってから技を出しているので、崩れが少ないように感じています。自然と品位・風格がにじみ出て、無駄打ちが少なくなるでしょう。

遠間から勝負するような気持ちで臨み、一足一刀の間合になったときにはすでに勝敗がついているような立合を理想としています。打ち間に入る前にしっかりと練ることができていますので、気持ちを充実させて打突することができます。そうすれば、打ち切ることにもつながり、しっかりと残心をとることにもつながります。

若い時分、国士舘大でご指導をいただいた堀口清、阿部三郎両先生から「左手を動かさないように」と注意されたことがありました。攻めに関することをおっしゃっていたのだと思いましたが、具体的にどの部分が悪いのかがわからないままでした。

柳生の中堅剣士講習会で稽古をしていたとき、ある先生が稽古をする私の後ろから、ずっと左手の注意をしてくださいました。「ほら、いま（左手が）外れた」と何回も指摘されるうち、攻められた瞬間、左手が浮いたような状態で相手を押さえていることに気づきました。自分では剣先で中心を取っていたつもりでしたが、実は中心線からそれていました。

そのことがきっかけで、攻め合いでの動きに気を配るようになりました。攻めるときに剣先で崩そうとすると、高段者の先生にはほとんど通じませんでした。悔しくて、いきり立って掛かるほど打ち返されたのは、剣先の動きに頼った攻めをしていたからでした。

若手八段の先生に稽古をお願いした際、打つのを我慢して、スッと体を寄せるように攻めると、パッと動作を起こしてくれました。打ちたい気持ちを押さえて我慢するコツをつかんだような気がします。「こう打とう、ああ打とう」という気持ちだと、打ち気が相手に映ります。「私はこう攻めますけれど、あなたはどうしますか」といった余裕を持つことによって、相手との会話が生まれた気がします。

打たないことは、「ため」につながります。審査では打たないばかりでいるのもよくありませんが、どこまで我慢し、どこで打ち切っているのかを見ています。適切に相手を引き出せたのなら、審査員の心を動かすような立合が表現できているのだと思います。

大野操一郎先生
「腰に力がないと八段は受からない」

私は五十歳のとき、はじめて八段審査を受審しました。当時は四十八歳から受審できたのですが、稽古の環境が恵まれていない状態でしたので二年間の準備期間をおいて一日三回の稽古をして八段審査に臨みました。

しかし、結果は惨敗でした。位のなさを実感しました。観覧席で着替えていると、どこで観ておられたのか、学生時代の恩師大野操一郎先生が近づいてきて開口一番、

「遠藤、お前はどこで稽古をしているのだ。腰に力がない。それじゃ八段は受からない」

と大声で一喝されました。それがきっかけで「稽古は量より質だ。本気で自分を変えなければ合格できない」ということに気がつきました。

二次審査を最後まで見学しながら、反省点が見えてきました。ほとんどのみなさんが相打ちになるのを見て、「打たないで我慢するのも大事だな」と実感し、その後は充実した気勢と

攻めを心がけるようになりました。

……二年後、二回目の受審では自分からは絶対に先に打たないことを目標としました。審査時間はわずか二分間です。大きな賭けではありませんでしたが、なんとか我慢して打ち返すことができ、合格させていただきました。

合格までの二年間、稽古では見取り稽古に力を入れました。打たれる前にどう攻められたのかを記憶しておき、稽古をお願いした先生方の攻め方、お相手の反応の仕方などをよくみるようにしました。自分が同じような打たれ方をしたのなら、それをもとに原因を模索し、具体的な対応策をさがします。

また、地元で少年指導もしていましたので、子どもたちと一緒にかかり稽古、打ち込み稽古を行ないました。もちろん、見本をみせる意味合いもありましたが、普段行なう機会が少ない基本稽古ができるので自分自身の上達にも役立ちました。

子どもたちは無我夢中で掛かってくるので、思い切った技前が多く、それを力でつぶすのではなく引き出しながら、無駄のない体さばきをし、適切な対応ができるように心がけ、相手の動きを読むことにつなげました。

受審者の方は、それぞれ社会的に立場のある方ばかりだと思いますが、今までと同じ努力をしていたのでは人より抜きん出ません。高段位審査は合格率の低い狭き門です。毎日稽古しても、質に問題があれば合格は見込めません。稽古の質を上げる努力をしなくてはいけません。

本気で自分を変えようと思えば、日常での取り組み方も大きく変わるはずです。道場外での剣道、剣道の生活化をぜひ励行してみてはどうかと思います。

詩人坂村真民《さかむらしんみん》氏の作品を紹介します。

「本気になると／世界が変わってくる／自分が変わってくる／変わってこなかったら／まだ本気になってない証拠だ／本気な恋／本気な仕事／ああ／人間一度／こいつを／つかまんことには」

一途に本気な剣道を志向した先に、合格の二文字が待っているのではないでしょうか。

攻め勝って
間髪を容れずに打っているか

根岸一雄 範士

ねぎし・かずお／昭和15年1月10日、埼玉県生まれ。県立秩父農工高校卒業後、埼玉県警察に奉職。師範の勝谷春助、市川彦太郎、大久保和政各先生に指導を受ける。44年関東管区警察学校剣道助教となり中倉清先生の指導を受ける。47年警察大学術科養成科第8期生として入校、中倉清、伊保清次、岡田茂正各先生の指導を受ける。その後、警察学校本部教養課、県機動隊を経て、平成11年警務部主席師範、同12年術科師範として剣道指導にあたる。国体優勝2回のほか、全日本東西対抗、都道府県対抗、明治村剣道大会などに出場。現在、㈶埼玉県剣道連盟副会長・同強化委員長、埼玉県警察剣道名誉師範、東京家政大学剣道部師範。平成3年剣道八段、同17年剣道範士。

攻めのない打突は審査員に響かない

審査は限られた時間のなかで剣道の集大成を表現しなければなりません。よって相手にどうこうするという前に、自分に克つことが求められていると思います。平素のありのままを出してもらえば良いのですが、持っているものをいかに出すか、ということが難しいのです。

八段審査の場合、わずか二分間に自分が修錬してきたことを網羅するには、厳しい状況下に身を置くことが大事ではないかと思います。

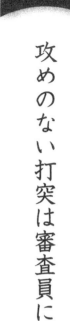

八段審査に限らず、六段以上となれば、まず攻めて打っているか、攻め勝ってから打っているかなど、打突の過程が重要です。

攻め勝っている人の立合は、自然と審査員の目が引きつけられます。また、立ち姿に迫力を感じます。構えだけでなく、相互の礼からはじまって、蹲踞、立ち上がりにも際立った雰囲気が漂っています。「構えは城のごとく」という教えがありますが、周囲を圧するような雰囲気をもつようになりたいものです。

周囲を圧するような雰囲気ができてくると、相手とのやりとりのなかで間合がつかめてきます。いわゆる自分の間合といわれるもので、距離だけでなく、精神的なものも含みます。距離的な間合として一足一刀の間、遠間、近間の三つがありますが、どのような距離でも気持ちで勝っていれば自分の間になります。逆に、気持ちが押されてしまうと相手の間になります。肝心の勝負所では相手に間合を譲らないようにしないといけません。

しかし、攻め勝っていたとしても「早く打とう」という意識が出てしまうと相手に主導権を渡しかねません。打とう打とうという意識は、体のどこかに支障をもたらします。とくに、右腕部分に力みが生じてきます。右手に力が入ると、左手の握りの位置や左腰、手の内のバランスが崩れ、打突に冴えがありません。どうしても右手主導の打ちになり、懐にある左手を忘れがちです。

基本はわかっているつもりでも、本番では何が起こるかわかりません。昇段審査は半年に一度の大舞台です。その場の雰囲気が気持ちを高ぶらせるのでしょうが、プレッシャーに負けていては自分にも負けます。

結局は、己れに克つことが肝心になってくると思います。「百錬自得」などの言葉で表現されますが、たくさんの場を経験し、体得しなければいけません。県警主席師範の勝谷春助先生に「間、髪を容れずに打て」と教わったことがあります。「攻める」と「打つ」は一体です。攻めと打突の間に髪の毛一本も入る余地はないという教えです。

昭和四十四年、関東管区警察学校剣道助教として勤務となった三十歳の頃、剣道教授でいらした中倉清先生にご指導をいただきました。先生は六十歳前後でした。稽古をお願いすると、こちらは構えているだけで精一杯。先生の攻めに圧され、いつのまにか羽目板までさがる自分がいました。それまで埼玉県警特練員として試合に勝つことを目標に置いていた私にとって、攻めることの重要さを教えていただいた一つの転機となりました。

二年間の勤務が終了する最後の稽古のときに、中倉先生は「起こりを狙われれば俺だって弱いんだよ」と、ぽつりとおっしゃいました。相手の圧力に耐え、踏みとどまらなければ打突の機会はめぐってきません。先生は「さがってばかりではだめだ」「攻撃は最大の防御」という意味を込めておっしゃったのだと解釈しています。

審査は無意識、稽古は意識 打ち切った一本が出せているか

剣道の本質は〝剣の理法の修錬〟であって、〝剣〟をおいては成立しません。したがって竹刀は刀という観念、これが根底になくてはなりません。真剣勝負には二本目はありません。審査でも、一本一本、初太刀のような気持ちで打っていれば自然と注目します。

真剣勝負のように一振りで勝敗が決するとなれば、簡単には打ちを出そうという気持ちにはならないはずです。一本に賭けようと思えば、集中力が高まります。そういった受審者の打突には冴えを感じます。

相手を攻め、仕かけ、一本につなげるわけですが、相手に隙がみえたら、思い切りよく、捨て身の覚悟で跳び込みます。また、機が熟さないうちに相手が打ち込んできたら、抜いたり、すり上げたり、応じます。

もちろん、どんなに気持ちが充実していても実際に初太刀で決まることは少ないです。

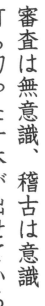

しかし、審査に合格するためには、できるだけの稽古を積み、準備をして臨むことが大事だと思います。初太刀一本にかける気迫は、日々稽古を積むことによって養われます。柳生新陰流に「三磨の位」の教えがあります。習い、工夫し、稽古をすることによって、今までにないような冴えた打突を身につけるきっかけになるかもしれません。

具体的には「打ち切る」ことが求められていると思います。「打突」には、竹刀が打突部位に到達した瞬間だけではなく、残心までの余韻が含まれます。

「振る」「下ろす」の動作を一拍子で行なうと、打突に冴えがうまれ、残心までの一連の動作がスムーズになります。俗にいう「当てる」動作だけでは打ち切ることができません。竹刀が当たった瞬間までしか集中力が持続していないからです。

私自身、以前に「当てるんじゃないよ、打つんだよ。打つんじゃないよ、打ち切るんだよ」というアドバイスをいただいた経験があります。

当たった瞬間のあとも、何らかの意識が働かないと打突が伸びていきません。もちろん、残心は無意識にとるものなのですが、稽古によって体が自然と反応できるようにしておきたいものです。

コップの水の教えがあります。水をなみなみと注いだコップをゆっくり傾ければ、水は一滴も残りません。しかし、思い切って強く捨てると、必ず幾分かの水が残っています。それが残心です。捨て身で思い切りよく打ち込んだときは自然に残心が生まれます。

打ち切る動作は無意識に行なうものですが、稽古では意識をして取り組まなければ身につきません。習ったものは自分で工夫し、稽古で実践すると上達が早いと思います。そのため、自らを厳しい環境に置くことが肝要です。

ただし、無理は禁物です。稽古のために健康を崩してはなんにもなりません。四十歳なら四十歳の剣道、六十歳なら六十歳の剣道があります。自分の体調なども考慮し、無理なく稽古ができる環境を整えながら一つひとつハードルを越えていくことが大事ではないかと思います。

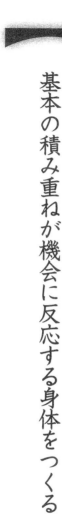

基本の積み重ねが機会に反応する身体をつくる

初段なら初段の基本、二段なら二段の基本、七段なら七段の基本というように、段位相応の基本というものがあると思います。基本→応用→基本のくり返しによって新しさを発見する。それが進歩です。低迷とは、基本を見失う、逸脱することです。「迷ったら基本にかえれ」といわれるゆえんです。

私の場合、八段審査に挑戦四回目で合格させていただきましたが、不合格だった過去三回は、基本によって培われた攻めや心構えを忘れていたような気がします。二分あれば、打突の機会はあるはずです。あったのだとは思いますが、おそらく見逃していたのでしょう。現在も、自らの戒めとして時折思い出しています。参考までに、私の拙い経験をご紹介したいと思います。

初めて受審したのは京都の武徳殿でした。審査員の先生方がずらりと並び、緊張で我を忘れました。周りが気になり、わずか二分が長く感じて仕方がありませんでした。平常心ではなかったのでしょう。予想通り、落ちました。

二回目は、何もできなかった一回目の教訓を生かして、手数を多くしようと考えました。ところが、本番で打ち急ぎました。「とにかく打ちたい」と、気持ちが逸りました。得意技の小手が打ちたくて仕方がない。当然、外されます。打たれたくなくて体が崩れました。「剣道の位」を考えさせられる出来事でした。

三回目は、打ち急いだ自分を後悔し、先に打つよりも引き出すように心がけました。そうすると、今度は勢いがなくなり、かたちにこだわった剣道になってしまいました。（相手が面に来たらすり上げよう）など、合わせることばかりを考えていました。考えているということはすでに無心ではありません。これでは打突の機会が見えるわけがありません。審査員の先生には鏡のごとく、受審者の気持ちが映ったのでしょう。

だからこそ、四回目は「もうあとにはひけない」という覚悟が生まれました。その心境によって、「絶対に負けないぞ」という気持ちが生じたのかもしれません。逆に、自分の気持ちを高揚させることにつながりました。

プラス思考になると、剣道をさらに向上させるきっかけが生まれやすいと思います。以前、警察大学でお世話になった岡憲次郎先生に、特練監督時代に構えたときの左こぶしの位置についてアドバイスを頂戴したことがあります。自分では、へその位置にあると思っていた左こぶしが、先生から見るとおさまっていなかったのです。そこで、一センチ半ほど下に置いたのですが、その後、まったく技が出せなくなりました。忍耐強く矯正を続けた結果、半年ほどたったある試合で今までにない面が打てたのです。自分は必ず良くなると信じ、プラス思考で毎日の稽古に臨んだ結果、次のステップにいくことができたのだと思います。

打突の機会を見つけるのは容易なことではありませんが、根気よく続ければ結果は出ると思います。挑戦者としての気持ちを忘れずに、日々の稽古、そして審査に臨んでいただきたいと念じています。

迷いのない一本を打っているか

中田琇士 範士

なかた・ゆうじ／昭和22年11月22日、岡山県生まれ。父にすすめられて小学校5年のとき、駐在所の巡査に手ほどきを受ける。県立備作高校から警視庁に奉職。45年に武道専科生となり、翌年から剣道特練に入り、歴代師範の先生方に指導を受ける。第29回全日本選手権大会優勝、全国警察官大会団体優勝3回、第5回世界大会団体優勝、明治村剣道大会準優勝、都道府県対抗、国体、全日本東西対抗などに出場。警視庁剣道副主席師範を経て、関東管区警察学校術科教官室長兼教授。平成7年剣道八段、同17年剣道範士。

普段から相手を敬い礼を尽くして稽古をしているか

本来は審査員が受験者と稽古をして、当該段位相当の実力があるか否か判断するのが良いと思いますが、現実は時間、場所、人的条件などがあって不可能です。

それでは審査員と受験者の共通理解、接点は何かというと、昭和五十年三月に制定された「剣道の理念」「剣道修錬の心構え」、そして「称号・段位審査規則の付与基準」および「称号・段位審査実施要領の着眼点」であります。審査員は毎回、事前に研修をし、審査員の責務、付与基準、着眼点、また高い剣道観をもって審査をするよう意思統一をしています。剣道の段位は目安であり剣道のすべてではありませんが、剣道の目的、付与基準、着眼点を外さない稽古が近道であることは間違いないと思います。

では、順を追って重点項目を解説していきます。

礼法 礼法は相手を尊重し相手に感謝する心を形に表すことですが、審査のときだけやろうとしてもすぐわかります。普段から心がけて身につけるようにしてください。これは最も大切な剣道の根本です。

たとえば、蹲踞しながら竹刀を抜き合わせるときは剣道形の作法に則って、斜め上に刀を抜くようにして構える。納めるときも同様です。普段から相手を敬い、礼を尽くして稽古をしている人とそうでない人では、立ち合う前からその姿がにじみ出てくるものであることを認識すべきでしょう。

高段位をめざしている人たちは、その地域で指導者として活躍されていると思います。後輩が悪いまねをしないように、正しい所作、礼法ができないといけません。言語態度においても、粗野で不遜な高段者では困ります。剣道の質的向上に努め、正しい剣道を継承しなければなりません。

着装　着装に気を遣っていない人が散見されます。審査とか試合は、自分の最高のものを披露、発表する場で晴れの舞台です。白く色あせて、もう何年も使っているような剣道着、袴の五本のひだ（仁、義、礼、智、信）も消えてしまった袴……、これでははじめから審査を受ける態度ではありません。

剣道具の着装も正しくなくては品がありません。呼称は剣道具といわれるようになりましたが、もとは身を守る防具でもあります。面なども面垂れが跳ね上がって肩が丸出しの着け方をした人がいますが、肩を守る意味でも富士山のように、なだらかに垂れているほうが美しく品があります。

竹刀の握り方　左手の小指は柄頭いっぱいに握り（小指半掛け、という教えもある）、小指、薬指を締めること。小指、薬指が締まっていないと脇が空きます。脇が空くと構えに威力がないし、品がなくなります。

左手親指の付け根の関節が、へそ前ひと握りのところにおさまっていることが大切です。左手が決まっていないと駄目です。横から握っている人が見受けられますが、横から握っていると刃筋正しく打突できないと判断します。自分の中心が崩れていては、攻めは相手に通じません。

構え　適正な姿勢とは「姿」＝見た目の美しさ、「勢い」＝精神的な充実、旺盛な気力のことです。その両方を兼ね備えていないと「活きた構え」とはいえません。中段の構えについて、堀田捨次郎先生は「姿勢正しく、進退攻防応変が自由で、少しの隙もなく、心広く、体ゆたかなるを要す」という言葉を残されております。

「千日の稽古を鍛（三年）、万日の稽古を練（三十年）」といわれる通り、構えは一朝一夕にできるものではありません。構えや礼法・所作事も、普段から心がけて積み重ねてこそ、大舞台でもたじろぎません。審査員をハッとさせるような立合をしている人は所作が自然で、自信のようなものを感じさせます。

【観の目で相手を捉え、味のある打突を出しているか】

体さばき・体の運用　立ち上がってすぐ左右に動くのが現代の剣道の流れですが、これは審査では評価されません。相手との攻防、変化によって左右に動くのは良いですが、剣道は前後の攻めが大切です。立ち上がってすぐ左右に動くのは、剣道に重みがなく軽く見られてしまいます。

有効打突　その段位にふさわしい打突をしているかどうかを見ています。打突に「味がある」という表現をしますが、鍛えて練っていないと味が出ません。「○○羊羹《ようかん》と△△羊羹の違い」とよくいわれたものです。いわゆる練りが違う。しっかりと練られた打ち、理合にかなった打ちのことです。八段審査になれば〝玄妙〟といわれるようなレベルの高い打突が求められます。

しかし、稽古もしたことのない相手と対戦する場合、どんな技を持っているかわからないときは、攻めて、崩して、乗って、勝って、打つ、という一連の動作は、言葉では簡単にいえますが、実際はなかなか口で言うようにはいきません。妙であります。「妙」とは「少女《おさなご》の乱れ髪と説く、結う（言う）に結われず、梳《と》く（説く）に梳かれず」ですね。鍛錬が必要です。

実技審査の時間はわずか二分間です。その限られた時間で打突の機会を見つけるのは容易ではありません。相手の様子をよく見極め、機会をつくることによって有効打突を奪うことが可能であると思います。

私は、「観（見）る」「捉える」「造る」の三つのポイントが打突の好機を生むと考えています。

「観（見）る」とは、相手の隙、型の隙（構え）、心の隙（驚、懼、疑、惑）、呼吸の乱れを観察することです。

「捉える」とは、相手の打突に対して対応することです。攻めて相手が苦しくなって技を出させて応じる、これでなくてはいけません。攻められて技を出すと間に合いませんし、体勢が崩れます。崩れた技は出さないほうが賢明です。しかし、受けっぱなしは駄目です。応じていく技の理合も稽古してください。

「造る」とは、相手に隙がなければ崩して打っていくことです。ただし、ここで勘違いしてはいけないのは竹刀を横に振ったり、あおったり、フェイントをかけて打つのはいけません。攻めもなく打ちに出ても、それは「打った」ではなくて「当たった」と評価されるでしょう。無理なく、無駄なく、無法のない打突を心がけたいものです。

打突の機会を「観（見）る」ことについてですが、観の目と見の目をよく理解しなければいけません。まず相手をよく「見る」ことです。構えの崩れ、呼吸の乱れなどを観察します。同時に、「観の目」で相手の心に驚懼疑惑が生じているのかを感じ取ります。

目で見ることを意識しすぎると、「待ち」の状態になりやすいので居つきにつながります。そのため、観の目を強くするのです。

観の目は、感覚的なものです。一所懸命相手に掛からないと観の目の感覚は強くなりません。気持ちを全部相手に向けるように心掛けるなかで、はじめて相手の出ばなにパッと反応できるようになります。そうなって、攻めて乗ることが可能だと考えています。

そのためには、自分の気持ちが充実していないといけません。自分を信頼できずに、技は出せませんし、相手と対峙していても主導権を奪われてしまうでしょう。試合の主導権は手放せません。そのためには、自信をもつことです。

「狐疑《こぎ》心」という言葉があります。簡単にいえば、狐《きつね》は疑い深く、犬に追われ、猟師を見たら一目散に逃げればよいのに何度も何度も振り返るので、しまいには猟師に先回りされ撃たれてしまうという狐の疑い深い性質を剣道に置き換えて戒めたものです。

狐疑心は大変な病気です。相手、そして自分が信用できなくなり、際限なく疑い惑ってしまう、剣道の四病・四戒という、驚、懼、疑、惑です。これを克服することが剣道の修行です。

たとえば相手を普段からよく知る人でも、昨日と今日では違うでしょう。同時に、自らも変化していると思います。剣道では勝つときも負けるときもありますが、心構えはしっかりと持ちたいものです。

勝海舟の座右の銘に「事の未だ成らざるとき小心翼々。事のまさに成らんとするとき大胆不敵。事のすでに成るとき油断大敵」という言葉があります。「勝った」「負けた」、「打った」「打たれた」という現象面のみに捉われない強い心が審査では求められています。

心を残さず打ち切る稽古に徹すること

私の八段審査に向けた体験談を披露して参考に供したいと思います。

まず、立合時間に注目しました。審査はわずか二分です。当然、有効打突へ導くまでの攻め合う時間が制限されます。自分の力を発揮する前に終了してしまっては、審査員の先生方に充分な技倆をお見せすることができません。二分という時間を体に覚えさせ、感覚を養うことから始めました。しかしながら地稽古では二分ごとに区切って相手を交代することはできません。相手とはそのまま稽古を続けながら、（さあ、また二分だ）と時間が来るごとに気持ちを入れかえるように心がけました。

そして初太刀は誰とお願いしても必ず取る稽古をしました（打たれることが多かったですが……）。初太刀、次も初太刀、また次も初太刀、という気持ちです。しかし、いつまでも……ではありません。二、三本お願いしたら、あとは捨てた技を出すことです。要は狐疑心を持たないで心を残さず、打ち切った技を出すように努めました。

技は先《せん》の技を心がけました。冴えた、打ち切った技は強度も必要です。また、冴えを意識するために素振りで手の内を学ぶようにしました。佐藤忠三先生は「素振り一生」と教えています。

そのほか、注意点として以下の三点に気を配りました。
・後打ちをされない
充分な打突を打ったとしても、相手に対する残心がなくてはいけません。後打ちをされた場合、反対に相手の技が評価されることがあります。相手を打突したあとも気勢をゆるめず、ただちに事後に応じる心構えが必要です。
・二度打ちをしない
二段打ちと二度打ちは異なるものです。「当たらなかったから、もう一回打つ」という二度打ちは打ち切ることができません。技としても評価されにくいものです。
・跳び込み胴、引き技を打たない
技は何を出してもよいが、跳び込み胴は打突後の体勢が崩れ、見栄えも悪く、失敗するとまったく評価されません。鍔ぜり合いからの引き技も同様に打っても評価されません。しかし、打たれないことです。

最後に、日本剣道形の稽古も充分に修錬していただきたいと思います。審査前、剣道形を真剣に取り組んで審査に臨む人がどれくらいおられるでしょうか。稽古の始めと終わり、どちらかに形稽古をしていますか。剣道形解説書の着眼点、留意点を頭に入れて体で覚えるようにしてください。

また、必ず上位の先生に指導をお願いすることがとても大切なことです。お互い同士ですと、遠慮して大事なところを注意できません。本来、剣道の流れは形稽古がはじめで、それも真剣で稽古をしていました。それでは危ないので木刀にしたという経緯があります。しかし、真剣でも木刀でもできないこと、それは実際に打突してその感触（手の内）を体験するということです。そこで竹刀が発明され、実際に打突するようになったのです。

いまは竹刀稽古が主で、形は審査の前だけというのが現状です。むかしは形稽古がある程度できないと、竹刀稽古はさせなかったそうです。いまはすぐ試合、試合、これでは日本伝剣道は正しく継承されません。高段者になれば木刀ではなく、真剣（刃引き）で稽古してみてください。そうすれば身体で覚えます。木刀では緊張感と気迫を養うことはできません。また、本当の理合、反り、鎬の使い方、効能がわかりません。先人が命を賭け、艱難辛苦《かんなんしんく》の末、創られた形です。おろそかにはできません。

外国人が受審されるとき、その多くは会場に着くと形稽古をされるそうです。日本人の感覚から言えば「まだ実技審査で合格もしていないのに……」という目で見てしまいがちですが、そこは意識の違いなのでしょう。しかし、その熱心さは素晴らしいと思います。お家元の日本としても、段位にふさわしい日本剣道形を修錬していただきたいと思います。

審査は己れの技倆をすべて評価してもらう晴れの舞台です。「ここまでやったのだから」と自分が納得できるような心境になるまで、日々の鍛錬に励みたいものです。

序・破・急の活気ある立合を求めたい

目黒大作範士

めぐろ・だいさく／昭和20年1月23日、秋田県生まれ。平進教士の手ほどきで剣道を始める。秋田高校では岩谷文雄範士に、東京教育大では中野八十二範士、橋本明雄範士、清野武治教士などの指導を受ける。郷里秋田に戻ってからは岩谷範士、奥山京助範士、内山眞範士、加藤正治範士に指導を仰ぐ。全日本学生大会団体優勝のほか、全日本選手権、都道府県対抗、国体、全国教職員大会、明治村剣道大会、全日本東西対抗、全日本選抜八段優勝大会などに出場。現在、全日本剣道連盟常任理事・同社会体育指導委員会委員長、秋田県剣道連盟副会長・「秋田わか杉国体」強化委員長、秋田県立武道館所長。平成5年剣道八段、同13年剣道範士。

序……礼法に寂とした活気を感じさせるか

審査は有効打突を数値化して評価するものではありません。いかにして相互の身心の崩し合いの結果としての、技の発動に至る経緯を評価するものである、と認識しております。

私はおもに立合での〝活気〟のとらえ方と、技の発動に至る経緯の問題を念頭に審査に臨んでおります。これから述べることは、現在の私自身が身につけている技量のなかでの対応に過ぎず、いまだ至らぬ点については、自身の今後の研鑽を積むことに免じてお許しいただきたいと思います。

審査の大原則は、受審者と審査員がともに確認すべき付与基準と留意点であります。これから申し上げることは、すべてこの原則のなかで活気ある立合を期待するためにひとつの参考になればと思います。

八段審査の場合は、十年有余の七段の修行の要件を満たしたとき（完成域）、自らの八段への道が開かれるものと考えます。目的にかなった継続的な稽古の積み重ねによる気剣体一致（付与基準・着眼点）の実力を身につけていることが前提です。

目的にかなうとは、剣道理念にそった修行であり、とくに勝敗に拘泥したり、目先の昇段を目的とする稽古量であっては、大きく目的を逸脱するものであります。

あくまでも稽古、試合（試合のための訓練）はもちろん、指導者としての資質の向上や審査員としての活動など、剣道を熟知すべき要件すべてにひたむきに取り組むことが大事です。

それでは基盤となる稽古ほかの積み上げは何をもたらすのか。それは、剣道に対して、あるいは自分自身に対して、自然に現れる目に見えない〝絶対の自信〟だと思います。

この自信こそが、自らの剣道の（身心に及ぶ）充実をもたらすものであり、たとえば、めざす審査の立合においては、審査員の心をひきつけるような〝強い活気〟となって現れるでしょう。

再確認すべきことは、技術の修得過程なくして剣道は語ることができません。理にかなった技の完成、身体の合理的活用法の追求、これらをいかに対人の場面で無尽に活用、操作できるかであり、心をこめたくり返しの稽古と工夫に負うところが大きいと思います。

立合における自信に裏付けられた活気は、一挙手一投足すべてにあふれ出るものです。一二〇秒のなかに凝縮された相互の立合の何を見るのかは、審査員にとっても一大事です。私は終始一貫、活気ある立合がなされているかを審査したいと思っております。

近年、受審者はつくられた姿のみで審査に臨む傾向にあります。「これさえやっておけばよい」という借り物の剣道に終始しているのが原因と考えられます。

それに対して〝活気〟という言葉を根底において考えてみました。係員から呼び出されてからの心の準備はできているでしょうか。いよいよ面をつけて立合を待つまで、誰もが気の重い瞬間です。すでに自分とのたたかいが始まっているのです。

いかに平静を保つか、それは普段の稽古の取り組みの質が自信となってかえってきます。事前の心のコントロールがいよいよ始まる立合の好発進につながります。審査員の目は、両者に釘づけ、互いの心の内を読み取ろうとしていますので、どのような気持ちで審査に臨んでいるのかも、よく観察しています。

立合が始まるまでの一連の流れのなかに「寂」とした活気を感じさせてほしいものです。着装から防具・竹刀に至る気配りが見られるか。立礼、蹲踞、抜刀すべてが相互の気のつながりのなかで行なわれているかを問われる大切な場面です。

高ぶりがちな気を包み込み、淡々とした心の仕切りに「離見の見」を重ね合わせることです。それは、冷静に相手と真正面から向き合うことにつながります。立合のなかでの大きなエネルギーを爆発させることにつながるでしょう。

この寂とした活気は、立合が終わったあとの礼法・所作にも現れます。立合ができたことに対して感謝の気持ちが自然にあふれ出なければいけません。ゆったりとして、その場の雰囲気を心に残す余裕をもって、立合のすべてを終了したいものです。この余裕こそが寂の活気であります。

破……立合に凛とした活気があるか

立合前の寂とした活気は、蹲踞から立ち上がった瞬間、互いの剣先から発する緊張感から一気に高まりを見せます。そこには凛とした、周囲の人たちも身が引き締まるような活気に一変します。

気勢が充実すれば、上虚下実をもたらし、磐石の体勢をつくることができます。ちょうど地に足が着く（根のはえた）ような姿から凛とした活気が自然に生じるでしょう。

同時に、相手に向かって身も心も一歩も引くことなく、指先ひとつでも攻め入る気概、これが背筋の伸びた凛とした姿です。

対峙したときの構えは、いつでも隙あらば技にもっていけるようなリラックスした状態が必要です。しかし、そのなかに芯の通った緊張感がなければいけません。この緊張感こそ、凛とした活気を引き出すものであり、構えに自然と攻めの気迫が加わった、「攻め構え」を形成します。

構えの基盤は足構えです。私は右足を「攻め足」「打突足」ととらえ、床を滑らせながら機をみて「攻め足」を「打突足」に変えて打突しています。一方、左足は「打ち足」として打突の基盤足ととらえ、もっとも重要な足の働きを感じております。

私が三十代後半のころ、岡憲次郎先生が秋田に指導にみえられたことがありました。その折、先生から頂戴した教えをありがたく思っております。岡先生は、私の左の立ち足を見て「いま直さないといけない」と、左足の重要性を諭されました。そして「左足に全体重を乗せられるか?」から始まって、攻め足としての右足の使い方を懇切丁寧に教えていただきました。だいぶ長い年月をかけての改善でしたが、それが私のいまの足遣いであります。

また、左足と同時に左筋を大切にしなさいという教えはよくいわれるところだと思います。左足、左腰、左こぶしの一連の流れを正しくつかめ、ということです。とくに左こぶしの動かぬ修行こそが心の修行につながるといわれております。

私事で恐縮ですが、以前から中段の構えで左こぶしが高くなるきらいがあり、打突時も左こぶしが定まらず上に抜ける状態が続いていました。

縁がありまして出身校の東京教育大が筑波大に変わる最後の年、幡ヶ谷校舎に内地留学に行かせてもらいました。その折、中野八十二先生、中林信二先生にご指導いただきました。中野先生には多くの道場でご一緒に稽古する機会を与えていただきました。その折、先生は「左手のツボをはやく見つけなさい、人それぞれツボは違うから自分のツボは自得以外ないから」とのことでした。そのあとのひと言、「おさまるべきツボは一つ」とつぶやかれました。

自分のツボはどこなのか。意識下のなかで常に左こぶしの親指を真下に向ける工夫を重ねました。左こぶしのおさまりは、左足の癖が直りかけたと同時に改善されたような気がしております。左足のかかとが上がりすぎたことが原因で、腕にも悪影響を与えていたのでしょう。一つの癖が直れば、他の部位にも好影響をもたらします。

ツボという話では、秋田の奥山京助先生より教えを頂戴したことがあります。以前、私のふがいない試合ぶりに「立派な試合をしようと思うな、まずは絶対引くな。自分の崩れ、乱れを気にしているようでは相手に打ちのめされる。普段の稽古を通じて常におさまるべきツボがわかっているから、気にしないで暴れてみろ」と檄を飛ばされたことがありました。これもおさまるべきツボがあるということで、業を煮やした先生の言葉と受け止めております。

いずれも左筋のことを通じて、何か一つ直すときも、そこだけではなく、関連する部位を早く気づき、全体としての調和をはかって直していく方法がよいのではないかと考えております。

左こぶし、左足のおさまりは、身体に、構えに凛とした筋（活気）をもたらすものと思います。

急……打突に裂帛の活気が宿っているか

凛とした立合から相互の攻めぎあいが始まります。体で攻め、気で攻め、竹刀を使って技を殺します。時には気の満つるままに〝ため〟を持ち続けたり、あらゆる手段を使っての中心の取り合い、崩し合いが行なわれます。凛とした活気の持続的作用といえます。この緊張した状況は第三者の仲介無用の絶対の世界であり、立合者だけにしかわからない自他一如の世界であります。

その凛とした空気が、裂帛の活気のもとに捨て身の技の炸裂に変わる一瞬があります。この爆発力によって周囲に感動をもたらす一本となるのでしょう。結果はともかく、技が発せられたあとは、次の初太刀一本のための体勢に入るための残心と変わり、ふたたび凛とした攻めぎあいに移っていきます。

この裂帛の気の高まりは、一二〇秒に何回生まれるのかは人それぞれでしょう。

立合後、受審者は打ちすぎた、あるいは技を出せなかったと、各自がなんらかの反省をしていると思います。それは一瞬の出来事、あるいは長い暗いトンネルのなかでの出来事のような、異常な心理状況での様子を言い当てた言葉と思われます。

大学時代の恩師中野八十二先生は、気迫がこもった一撃について「細心而剛膽」という言葉を引き合いに出され、自ら揮毫してくださいました。

凛とした攻めぎあいは、まさに細心という内容を含むものであり、それは針の穴ほどの隙さえ逃さぬ、周到なる準備が必要でしょう。器に注ぐ水が表面張力で盛り上がり、次の一滴でその結界を破るような緊張感です。その一滴は自己の決断で決するもので、本人にとって後戻りできない覚悟の捨て身の一滴であり、一撃であります。それが〝剛膽であれ〟という教えです。

また、先生は学生時代、大学内の試合を見ながら、よく部員の淡白な試合を見かねて「我慢だ、我慢だ」とおっしゃっていました。いま思えば「剛膽」に技を決する時期の大切さ、覚悟のあり方を教えようとされたのではないかと思います。

もうひとつ、高校時代の恩師岩谷文雄先生は熱血の人でありました。稽古中、竹刀の先にトンボが止まるといわれ、常に激しい気迫が剣先を通して相手に伝わらなければいけない、と口癖のようにいわれていました。

同時に、「竹刀の先から自分の手が出ていて、その五本指で相手の胸ぐらをつかむ気持ちで掛かれ」といわれました。剛膽に、捨て身の技を出す前の心得と解釈しています。

裂帛の活気とは、一本を打つために必要な〝剛膽さ〟、そして後戻りなしの捨て身の心境を言い当てるものです。立合を決する技は、自分自身の活気が左右すると思います。活気の源は、日ごろの意味ある工夫、稽古がもたらすもので、なんら特別な秘訣などはありません。

「理合」「風格・品位」、高度な技倆を総合判断すると昇段審査の方法に明記されていますが、このことは自分が判断することではありません。修錬のあとについてくる結果です。昇段を稽古の目的とせず、修錬そのものを大切にして、剣道三昧の境地で普段の稽古を重ねたいものです。

終わりに、「自分から段を取ろうと思うな、正しい稽古を続けていれば、必ず人は見ていてくれる。謙虚に励むことである」という、一川格治先生のこの言葉が一層の重みを増すものであり、昇段以前の普段の稽古のありようを考えさせられます。

以上、抽象的な言い回しになりましたが、八段位をめざす方にとっては、他人からの借り物の剣道ではなく、自身の剣道を自らの手で確立することであります。

そのためには創意と工夫、研究、反省のくり返しが必要です。普段の立合では自他の絶対の違いは簡単に埋めることはできませんが、八段審査のように求めるものが高い水準の場では、立ち合う者同士を崇高な境地に引き上げてくれます。それは、活気ある〝合気〟のなかで全身全霊の剣振りを可能にできる不可思議な空間に思えるのです。

平素の修錬を鑑みながら、まずは自分の剣道を知ることであり、自分の剣道の修行段階を見極めることが先決ではないでしょうか。稽古に裏付けられた、自信がみなぎる立合を期待しております。

いかに自分を表現するか、出し切れるかが大事

島野泰山 範士

しまの・たいざん／昭和21年7月20日、大阪府生まれ。父親一の手ほどきで剣道を始める。貝塚高校から大阪府警に奉職。歴代師範の園田政治、賀来俊彦、奥園國義、甲斐利一各先生に指導を受ける。警察大学校では中倉清、中野八十二、森島健男、岡田茂正、伊保清次、岡憲次郎、松永政美各先生に指導を受ける。全国警察官大会団体優勝7回、全日本選手権出場、国体優勝、都道府県対抗優勝、全日本東西対抗大会出場、明治村剣道大会優勝、全剣連50周年八段戦、全日本選抜八段優勝大会などに出場。現在、大阪府警察剣道名誉師範、㈶大阪府剣道連盟常任理事・同強化委員長、豊中あすなろ会師範。平成6年剣道八段、同16年剣道範士。

着装の乱れは心の乱れ
準備万端整えて審査に臨むこと

審査は、これまでの修錬を披露する場です。すべての力を出し切っているか否かで印象がガラリと変わります。打突の機会をとらえた打突は自然で無理・無駄がありません。技を出すときは、攻め合いのなかで相手の意図がどこにあるのかを意識していますが、実際の打突時は無意識であることが理想です。そしてまた意識し直して攻め合う。剣道はそのくり返しであると思います。

そういった心境のなかで行なわれる立合は自然体であり、観ている人に感動を与えます。この自然体で技が出せているか否かが重要な点になると思います。審査も試合も、有効打突の条件は同じでありますが、審査の場合はさらに練られた技が求められます。

修錬を積んだ受審者は、腰のすわり方に安定感があります。

審査会場でのあの異様ともいえる緊迫感のなか、「硬くなるな」というほうが無理ですが、落ち着かない場合は呼吸法に気をつけると、いくらか改善できると思います。人間の体の現象として、丹田に力が入ると良いといわれております。心のなかの硬さが顕著にあらわれるのは右手の握りです。緊張をすれば、日頃は手の内がやわらかい人も、右手が硬くなれば、上半身に力が入り、下半身の力が抜けます。体が硬くなると呼吸を止めてグッと我慢しがちになりますが、そんなときこそゆっくりと息を吐き、丹田に力をこめれば力みが消えるでしょう。

しかしながら、実際には日頃起きないようなアクシデントが審査会場で起きる可能性があります。日頃の稽古ではできているのに、いざ本番となると自分の持てる力の何分の一しか出せないのは、ご本人にとってもさぞかし残念なことであると推察します。

竹刀など落としたことがない人が、極度の緊張から落とすこともあるでしょうし、面紐や胴紐などが、ほどけてしまうことがあります。不測の事態に備えて、万全の準備を整えておく必要があるでしょう。審査中に着装が乱れないように、審査前に面紐、胴紐はあらかじめ少し湿らせておき、ほどけにくいようにするとか、使用する剣道具、剣道着、袴、竹刀をあらかじめ決めておくなどの細かい配慮が挙げられると思います。

一世一代の晴れ舞台に臨む緊張のためか、日が近づくと、持っている道具のなかからどれを使おうかという迷いが生じるときがあります。私自身も経験がありますが、とくに竹刀は破損を考えて何本か用意します。当日にはこれを使用する、と決めておかないと、迷うだけでも神経をすり減らすと思いますし、集中力に欠けます。

また、小手・面・垂と剣道着の色合いの調和がとれていたほうが見た目も美しいので、日頃の稽古からなじませておくとよいでしょう。調和のとれた着装は美しさにつながります。技も同じく、美しさのあるものが求められますが、そういった心遣いが審査員の心を打つ一本につながると思います。

着装の乱れは心の乱れに通じると心得て、平素から心がけておくことが大切です。

攻めて打ったら相手にわかる攻め勝って一本を打っているか

八段審査の場合、五分間三本勝負を、二分間三本勝負に置き換えてみるとよいのではないでしょうか。時間内に二本勝ちをすれば申し分ありませんが、もし打突の機会があれば三本でも四本でも打突していいと私は思います。ここだ、と感じるような打突の機会をとらえていれば、それは無駄打ちとはいえないからです。

「攻めて打つのではなく、攻め勝って打て」という教えがあります。攻めていくなかで、相手の反応によって出頭や応じ技を打つわけですが、攻め勝ってから出した打ちは、相手と対話し、心の隙を打っています。審査では攻め勝った打ちを出さなければ評価されません。

相手に攻めが通用していないと、打突しても無駄打ちにつながり、技を返されてしまいます。攻めるだけではいけません。相手と対話して打たなければ、ひとりよがりの打突となります。

攻め合いのなかでは、攻めていくと必ず相手は攻め返してきます。攻めは常に流動的で、あらわれては一瞬で消える現象がくり返されます。そこで、ちょっとでも打とうという意識が見える、間を切ろうとする、といった気持ちのバランスが崩れたときが隙となります。そういった相手の反応をとらえていくのです。

自分勝手に攻めて打っている受審者は打たれています。打とうとすれば、それはかたちとなって相手に映るからです。それが隙となって相手に打突の好機を許します。意識した技は必ず相手にわかります。いまから打っていく、と教えるようなものです。

相手と対話をし、攻め勝つには、常に先をかけることが大事です。そして、攻め合いは遠間からです。一足一刀の間合に入るまでに攻め合い、攻め勝ってから打つのです。一足一刀の間合に入ったときには、すでに技を出している状態にならなければいけません。

遠間から攻め合うと、動きがあります。お互いが中身のある内容の攻めをします。遠間は生の間合、近間は死の間合、一足一刀の間合は生死の間合といわれております。打つか打たれるかの大事な間合です。打突の機会が生まれる一足一刀の間合に対し、もっと敏感にならなければいけません。

受審者には総じて間合が近い印象の方が多いです。それは、一足一刀の間合からさらに前へ出て打っているからです。一足一刀の間合から攻め合いをして、もう一歩はずみをつけないと打てない、という癖を持っている人が多いようです。

また、攻め合いから打突まで、一貫して体を動かさないまま、手だけが動いている場合が多いように感じます。居ついた状態で攻め合いをしても、相手には攻めが伝わらないでしょう。遠間には、微妙な重心の移動をスムーズに行ないやすいというメリットもあるのです。遠間から攻め合うと、居ついた状態になりにくくなります。

上から乗る、押さえる、といった細かな動作のなかで、相手が何をするかが見えたら、すぐさま打突に移りますが、その間と間合によって有効打突は異なります。

警察大学校に入校していた頃、教授の岡憲次郎先生から「剣道とは、相手が自分を打とうとする瞬間に対する自己創造である」という言葉を頂戴しました。相手の攻めに対し、機先を制して打つのか、それとも体をさばいてから打つのか、間合を切るのか、判断を迫られるときがあると思います。

攻めれば、相手は何らかの反応を見せます。引いて誘うのか、グッと攻め返してくるのか。その機微のなかで相手を引き出して打つのです。引き出し方によっては、こちらにとっては出頭が有効なときもありますし、跳び込み面もあるでしょう。これらの判断のことを「自己創造」という言葉で表現されたのではないかと思います。

自然と体が動き、的確に相手をとらえることができたなら、攻め勝って打つことができたということではないでしょうか。その一本に、審査員は大きくうなずくはずです。

短く、激しく、数をかける稽古で先の気を養っているか

理合を体得し、自然体の一本を求めるためには、日頃の稽古が大切です。しかし、六段、七段といった高段位の方々は、普段は元立ち稽古がほとんどだと思います。なかなか上位の

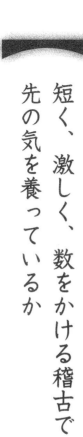

先生方に稽古をお願いする機会は少ないからでしょうか、審査を見ているうえで、懸かる稽古をしている方が少ないのではないかと感じています。

元立ち稽古が多くなると、知らず知らずのうちに、気持ちの面で受けて立つ稽古になっていきます。玄妙な先の技、手の内の冴えの感覚は、待ちの稽古ではつかめないところがあります。

月に一回でも二回でも、自分から出かけていき、上の先生に懸かる稽古をお願いする機会をつくることによって、改善されていくものだと考えております。全身全霊を込めて一所懸命懸かることにより、先生方から気をいただくのです。受けの稽古では得られないものがあります。

先生にお願いする稽古には、妥協がありません。同じくらいの年齢の方との稽古は楽しく、自分でも「よかった」と思える技が出ることもあります。しかし、審査では先の気と技が求められます。日頃から懸かる稽古をしていなければ、審査ではなかなか冴えのある一本が打てないのです。

私の場合、指導稽古が主になりますが、相手が若い方でも、懸かる気持ちを忘れないように、「短く・激しく・数をかける稽古」をモットーに心がけております。「短く」は稽古時間を必要以上に長くしないこと。「激しく」は機会を逃さず、常に先をかけて打つこと。「数をかける」は文字通り、なるべく多くの人と稽古をすることです。

普段の相手は若手の特練員になります。皆鍛えられていますので、先をかけていけば、一瞬において攻め勝ち、チャンスをつくることが可能であり、充実した稽古になります。

稽古をしているとき、攻めていくと間合を切る人がいます。打たれるのが嫌で、打たれない待ちの稽古をしている場合があります。試合剣道を豊富に経験している若い方に多いようですが、それは試合のテクニックです。試合では、勝負のため完全に「いける」と思える機会でしか打ちを出さないものです。しかし、それでは打突の機会を学ぶことができません。

打突の機会を学ぶ稽古においては、常に先の気迫が求められます。ときには何度も打たれて機会を覚えるものです。数をかけることによって、さまざまな間の機会を修得することができます。呼吸法や瞬発力、手の内の冴えも早く体得されるでしょう。懸かり手には、元立ち以上の気迫をもって打ってきてほしいと思います。

面を着ける時間がなかなかつくれないときは、素振りなどの一人稽古があります。警察学校勤務の頃、稽古量が激減しましたが、賀来俊彦先生に「大切なのは基本だ」というアドバイスを頂戴し、打ち切る打突に重点をおいた素振りを行ないました。体力・技術の維持向上に大変効果的でした。

稽古を続けている人は、腰がすわっていて、どことなく安定感を感じます。「継続は力なり」という言葉の通り、絶え間なく修錬を重ねた先に、成果があらわれるのではないでしょうか。

機会・打突・残心で審査員に迫力を伝えよ

岡田一義 範士

おかだ・かずよし／昭和17年3月30日、三重県生まれ。中学1年より剣道を習い、名城大学附属高校から大阪府警察に入り、剣道特練員として修行する。昭和41年三重県警察へ移り、特練員、コーチ、監督、剣道師範をつとめる。警察大学校では岡憲次郎、松永政美先生に指導を受ける。全日本選手権大会、全日本東西対抗、国体、都道府県対抗、全国警察官大会、明治村剣道大会、全日本選抜八段優勝大会などに出場。現在、三重武道館長、三重県剣道連盟常任理事・同強化部会長、三重県警察剣道名誉師範、一志剣道連盟会長。平成7年剣道八段、同17年剣道範士。

露の位……好機をつくる、好機を打つ

何といっても評価の第一は、その人の姿であります。すなわち控え場所から進み出、お互いの礼、蹲踞から立ち上がって構えた姿勢（本体）にあると思います。姿勢は、その人が過去どのように修行してきたかの結集のようなものです。自然と備わっているわけですが、その要素については、剣道衣・袴・防具の着装、礼法、正しい構えに至る総合的なものに基づくものであります。

姿勢にはその人の体型にあった理想的な姿勢があります。自分の都合のよい態勢ができていれば、相手の動きにもいかようにも対応することができ、理にかなった動きから、心気力一致した打ちを生み出すのも適正な姿勢（本体）が大前提になります。姿勢といっても、ただ人形のように表面的にきれいな姿ではなく、相手に隙があればいつでも打突できる、また相手が攻撃してくれば自由自在に対応できる、威厳のある堂々とした獅子の位でもある気の

充実した姿こそが審査員の求める姿であります。

剣道は有効打突を争うものでありますから、つい結果である打突部位に重点を置くことになりがちです。しかし、審査員は打突に至る段階までの攻めや打突の機会がそれぞれの段位にふさわしい理にかなったものであるかを見ています。

露《つゆ》の位「木の葉に落ちた水滴が静かに凝集して機満つればポタリと落ちるよう決して無理な打ちを出さず、静かに機が至るのを待ち、相手の動きにしたがって隙を見つけ、瞬時に技を発動して勝ちを占める」の教えにあるとおり、いかに相手の虚すなわち打つべき機会を作り上げるかが重大なところです。

打突の機会もなく、間合に入ったから打突するのでは功を奏さないものです。打突の機会を見つけ出し、または作り出し、打突することが理にかなった打突であります。そのためには、絶えず先を取り、攻め、中心を外さない稽古を心がけることが大切です。

打突の機会については、次のようなことが考えられます。

○機を知る

稽古を積むことによって、相手が何をしようとしているか、その「きざし」を察知し、打突を仕かけていい場合といけない場合を経験的にとらえ、打突の機会を知ることが大切です。

○機に乗ずる

攻めにより、相手が何らかの反応を示した場合にそれが攻撃の機会であることを知ったら、瞬時にそれに乗じて先をかけて打ち勝つ。

○機を作る

攻め合いのなかで、打突の機を知り、機に乗じて勝ちを制することのほかに、打突の機会を積極的に作っていくことが攻めの本意で、この機を作ることがとくに大切です。

最近の傾向として、気の充実や攻めに重点を置かず、うまく打突してやろうというところに重きを置く人が多くなっているように感じます。とくに高齢者の低い合格率による受審者の増加の背景には、気は充分であるが、打突にこだわりすぎで、剣と体が一致しない方が多いことに起因するものです。もう少し基本に基づく正しい剣道を普段から心がけてほしいと思います。剣道で大事なことは、打突という結果も大切ですが、気争いから打突の機会をとらえ、または作り出すという前段階こそが重要なのです。

したがって「相手が面に来るようであるから、最初から応じて胴を打ってやろう」と考えるのではなく、「相手が面に来るなら自分はそれ以上の面を打つぞ」といったように、まず気争いから攻め勝ち、崩して技を出すような状況になれば、審査員にも迫力が伝わるように思います。

結局、真剣勝負につながる剣道本来の気争いから機会をみて捨て身の技を出すことが大切だと思います。

石火の位……鋭い打突を出しているか

攻めとは、打ち出す前の積極的な行動で、自分を優位に立たせて打突の機会を導き出す方法です。ひとくちに「攻め」といっても大変難しく、自分では攻めたつもりでも、相手には何の変化も反応もない場合は「攻め」になっていないわけで、相手が何らかの反応や変化を示し、はじめて「攻め」となります。

審査は時間内（一～二分）に自分の持っている技倆を評価していただくものです。短い時間であればこそ、先をかけて攻めることが大切で、剣道の良さは立ち上がり、気争いの攻防のなかで攻め打ち、攻め破って、乗って、勝って、崩して、などといわれるように、攻めて理で打つことが重要です。

高段位審査の着眼点にも理合は重要な要件で、まず先を取り、攻めることが大切です。攻める方法として、気を殺し、竹刀を殺し、技を殺す三殺法が挙げられます。また剣先の作用としては、触れる、押さえる、払う、捲く、打ち落とすなどの方法があります。

相手を攻める三つの道具があるといわれ、気・剣・体がそれにあたります。剣先でよく攻めても、気合と体さばきの攻めが伴わなければ相手を破ることはできません。体のみで攻めても剣先が死んで気が抜けているようではかえって相手に乗ぜられてしまいます。気のみ逸っても剣先と体がきかなければ技は決まりません。剣先・体さばき・気合の三つが渾然一体となって働くとき、相手の動きに応じた打突ができるのです。

古来より「張れや張れ、ただ緩みなきあずさ弓、放つ矢先はしらぬなりけり」「切り結ぶ太刀の下こそ地獄なれ、踏み込みみればあとは極楽」と詠まれ、攻めの大切さを教えています。

打突については、石火の位の教えにあるように、「火打石を打てば火が出るように、攻めて打突の機会があれば間髪を入れず鋭い打ちを出す」ことが大切です。

鋭い打突とは、有効打突の要素であります。「充実した気勢、適正な姿勢、打突部位を刃筋正しく」とあるように、気剣体一致の打突がすなわち鋭い冴えのある打突となるものです。

人それぞれ十人十色といわれますように、剣道においても人には個性があり、その個性すなわち利点をおおいに究めることが大切であります。剣道の基礎である基本は段位相応に取得しなければなりませんが、個性を活かし他の者には真似のできない各個人独特の高度な技倆を体得することが高段位をめざす者にとって必要不可欠なものと思います。

かつて私が大阪府警剣道特練員時代に、ある先生が「あなたの剣道は盆栽にたとえると、あまりにもまとまりすぎていて、手の入れようがありません。もう少し手の入れられる魅力ある盆栽のほうが良いと思いますよ」という指導をされていることを耳にしました。これはまさに将来を考えた指導であったと感じております。個性のない伸びのない小さくまとまった剣道ではなく、個性的で伸び伸びとした大きく立派に育つ剣道（稽古）であってほしいという意味の指導で、私の心に残っています。

稽古では、打たれることを恐れず、上手《うわて》の先生に掛かっていくことが大事となります。それが機に乗ずることにつながります。石火の機は、その名のごとく火花が出るような激しいものです。昇段審査のように短い時間のなかで自分の持っている技倆を出さなければいけない場合なら、なおさら先をかけることが重要になります。

積極的な攻撃をし、自分に有利な状態にして一本を導くのが攻めです。たゆまぬ稽古を積み重ねた先に、他の人には真似できない、その人独特の攻めが見えてくると思います。積極的に相手を崩し、技を出すような攻め合いを審査員は期待しております。

梵鐘の位……仕上げの残心があるか

梵鐘《ぼんしょう》の位は、打てばすなわち梵鐘のように余韻《よいん》嫋々《じょうじょう》たる気の残心を漂わすこととされています。有効打突の条件の最後に「残心あるものとする」と規定されているとおり、打突後において油断することなく、相手に自由自在に対応することができる気・剣・体の構えが大切なことです。昔から何事をするにおいても、完成させるためには仕上げが大切なことから、「画竜点睛《がりょうてんせい》」とか「九十九里を以って半ばとする」など、終了なり完成するまで気を緩めることのないことを戒めています。剣道においても有効打突の仕上げとして残心があります。

往々にして、打突までは大事にしますが、打突後の残心すなわち気の充実、構え、適正な姿勢が備わっていない方が多く見受けられます。実力があり、もう一歩で合格といわれる方はとくに仕上げの残心に配意されると良いと思います。

高段位（六、七、八段）の実技審査の着眼点には、五段までの項目に加え「理合・風格・

品位について、更に高度な技倆を総合的に判断し、当該段位相当の実力があるか否かを審査する」と定められています。

風格・品位は、修行により自然に備わるものであるからといって、やみくもに稽古を重ねるだけではなかなか身につくものではありません。正しい剣道を習い工夫し、稽古を積み重ねることにより体得できるものと思います。とくに風格・品位は有効打突の仕上げでもあります。残心に大きく関係することを肝に銘じていただきたいと思います。

私の場合は、警察で剣道特練員の立場から、勝負にかける剣道、すなわち有効打突を主眼とした稽古で、打突の重みや気の溜めが十分でない、力とスピードを活用した稽古内容であったように思います。しかし、各先生方から攻め勝ち、理にかなった一本の打突や稽古のあり方について適切なご指導をいただいたおかげで、壁を打ち破ることができたと思っております。ご指導を受けていなければ、うまく打った、打たれたという自己満足と反省のくり返しで厚い壁は破ることができなかったと思います。大切なことは、自分を知る上でも、師や先生に習い、稽古をお願いすることにより、欠点を直し、正しい剣道をめざすとともに、気をいただき、練ることに加え、豊富な稽古量により裏打ちされた自信が風格・品位につながるのではないでしょうか。ただむやみに稽古を重ねるだけでなく、工夫を重ねることが、目標達成の近道であると思います。

誰しも審査はどのようにすればよいかという理想像的なものは教えられ、聞かされ、読むなどして十二分に認識されていると思います。しかし、どのように自分に取り入れ、実践できるかが問題なのではないかと思います。

よく「一芸に秀でるものは多芸に通ず」と聞かされますが、一つの道を極めた人は、他の多くの事柄も身につけることがたやすくなり、また自ずと見えてきます。剣道にも通じるもので、何もかも最高のものを求めることは容易なことではなく、何か一つ秀でる技などを極めことが大切ではないかと思います。

秀でることにより、さらに秀でる技を徹底的に追求、磨き上げること。さらに身についた技と他の技との関連付けを意識的に行ない、剣道修行の道先案内人の師や先生、先輩の指導助言と、同僚、後輩など多くの人と稽古をし、磨き上げることが高段位受審に大切なことです。一つのことを極めることが自然と風格・品位となって備わるものと思います。

種を蒔いた以上、立派な花を咲かせるため、正しい手入れをして素晴らしい花を咲かせていただきたいと念願します。

私自身、幸運にも花を咲かせることができましたが、人から少しでも見ていただける花に、また一年でも一日でも長く咲き続ける花でいられるように、日々手入れを怠ることのないよう努力したいと思っております。

姿勢よく、気の充実をもって隙を打っているか

川本三千弘 範士

かわもと・みちひろ／昭和17年6月14日、佐賀県生まれ。小学校5年より振武館道場にて野中九州男範士に手ほどきを受ける。佐賀龍谷高校にて戸田能徳範士に指導をいただく。36年兵庫県警察官を拝命後、松崎哲夫範士、高橋忠雄範士、鶴丸壽一範士など歴代師範の先生方の指導を受ける。その後、剣道主席師範を経て退職。全国警察官大会、全日本選手権大会、全日本東西対抗、国体、明治村剣道大会、剣道八段選抜大会などに出場。平成15年退職後の4月より須磨学園高等学校非常勤講師として迎えられ、現在に至る。現在、兵庫県剣道連盟審議員、流通科学大学剣道部師範。平成5年剣道八段、同17年剣道範士。

打ち切ること、乗り勝つこと

剣道は刀をもとにして生まれた武道です。刀で斬ることを前提に稽古を行なうと、剣理、剣法がわかってきます。高段位をめざす方には理解していただきたいところであり、常にその動作ができているかを見ております。

戦後、剣道禁止により「刀」という観念が薄らいでいたため、刀の観念によって正しく、たくましい人間を形成する修錬の必要に迫られました。そして社会と文化につながるということで「剣道の理念」がつくられました。

剣道の理念、つまり剣の理法については、「剣理」と「剣法」とに分けて考えることができます。剣理とは、刀剣の特性、合理性をもとにうまれた剣の理合を指します。人が剣を持ったとき、その隙を打つのが剣道です。下げれば上から押さえ、乗り、上げれば抜いて切る。切ってくれば鎬を使うなど、刀の特性を活かし、さまざまな態様が生まれます。剣法とは、剣の法則であり刀剣操作の法則です。剣法は、正しい刃筋、物打ち、押し切り、引き切り、掌中の作用の五つに分けられます。

「打ち」と「当たり」というものがありますが、打ちは「信念の一刀」であり、打ち切りを確かに見極めて打つ「一本」であります。当たりとは、「打ち切り」でなく瞬間的に振ったら当たったというもので、これは打ちではありません。宮本武蔵も「当たるに強きはあれども真の打ちに非ず」といって「当たり」を嫌い、「打ち」を強調しています。

しかし、一刀必殺にという気持ちは大切ですが、現代の竹刀剣道では錬度によって「初太刀の相打ち」から二の太刀、三の太刀に変わる技も大切な要素です。相打ちの打ち切り後に、二の太刀、三の太刀が瞬間に出る方が、修錬を積んだ実力者であります。また「気で乗れ、身で乗れ、剣で乗れ」の教えも忘れてはいけません。乗り勝つこと。乗り負けたら打たれることを念頭に置くことです。

また、人間形成の道とは、警察大学入校時の教授、松永政美先生から「人の自然的な成長、発達に人為的作用を加えて、人としての進歩、向上を期待する過程、つまり人づくりである」と教えていただいたことがあります。

まず剣道修錬を行なう上においては、この剣道の理念を念頭に置いていただきたいと思います。もちろん修行の過程の成果を問う昇段審査を受ける場に臨んでも同じことがいえます。

剣道は「人間形成」という大目標に向かって行なうものであり、互いに「心の隙」を教え合うものであります。

剣道は美の探求、修錬、表現であるといわれます。剣道の構えひとつにしても、正しい着装と正しい自然体でなければ見事な「立ち姿の美」は現れません。相手を本当に敬う心で礼をしなければいけません。「打突の美」も、理合に適った正しい打突でなければ、人の心を打つことはできないでしょう。

剣道は竹刀という「心の杖」を媒介物として「心の隙」「構えの隙」「動作の隙」を、指摘し合うものです。隙や油断を指摘されれば、油断のない心構え、隙のない心になります。強烈な打ちでも一本にならないものもあれば、おのずから頭の下がる一本、「玄妙の技」もあります。「心の隙」を打ったのかどうかが違いであると思います。

「気力の充実、心の打ち、残心の美」という真の剣道が表現されれば、日本剣道はますます普及し、発展していくことは間違いないと信じております。七段、八段といった高段位を目標とする方は、日ごろ指導者として活動されています。剣道の理念に基づいた心構えを常にもっていただきたく思います。

基本に忠実な稽古をやり通したか

審査を受ける姿勢としては、数多くの先生方の教え、また段位審査にあたられた先生方の『剣窓』の寸評を参考にしていただいた上で、私が審査で着目している点を申し上げますと、以下の項目が挙げられます。

・気位が高く、下腹部がすわり、正しい構えで心体一致しているか。
・打ち方や打ったときの体勢が理に適っているか。
・常に気と位で攻め、相手の動揺を誘い、機会を捉えて打っているか。
・構え、姿勢の心気一致が見受けられるか。
・気で打ち、無駄打ち、無理打ちがないか。
・攻め、攻め返し、崩しの中で隙を打ち、単調な打ちに出なかったか。
・有効打突にならなくても、冴えのある打ちで打ち切っているか。

・攻めて、一拍子で打っているか。
・身を捨てて打つことができているか。
・相手の動きに、動じていないか。
・見切ること（見極める）ができているか。
・「手で打つな腰で打て、足で打て。手で突くな、腰で突け、足で突け」の教えを実践できているか。

これらは、平素からの厳しい稽古修錬が重要であり、身に付けなければ表現できません。良師のもとで教わった基本稽古や、真剣勝負の立ち合い稽古が求められます。

私は師の教えとして以下の七点を実践してまいりました。

一、打たれて稽古を積む。
二、常に姿勢を崩さない。
三、正しい打ち方に徹する。
四、基本中の基本である切り返しを怠らない。
五、数々の稽古の中で、心のくつろぎ、掌中のくつろぎと、目と勘を養うようにする。
六、高段者になれば、自己流がでるが、悪癖があれば矯正する。
七、不得手の相手、不得手の技には数多く稽古、研究、工夫する。

攻めて（位攻め）、我慢して、油断せず、判断よく決断して、捨て身にて打ち切り、残心をとる。この稽古を惜しみなく行ないながら、「初太刀一本、千本の価値」の教えを思い出してください。

先革が触れるか触れないかの「不敗の位」より交刃の間に入り、攻め、攻め返しの応酬において、一瞬の隙を見逃さず一足一刀から一拍子の打ちができるか否かです。また、捨て身で打突したあとでも、有効打突につながらないときには、臨機応変の身体移動は大事です。

攻めとは何かを考えたとき、多くの教えがあります。「打突を確実にするつくりであり、手順である」「相手の心に対して驚・懼・疑・惑の四病を与える源である」「相手に有形無形の圧力をかける源である」などがあります。

また、最高の攻めは「位攻め、気攻め」の教えの実践であると考えます。攻め返しについては、すり込む、上に乗る、左足の引きつけを素早くする、攻めて待つ心が重要である、と教えられています。審査だけではなく、平素から自分自身が充分な稽古を積み、総合的な実力をつけていくことが、目標とする段位取得の絶対条件であると思います。

私は、審査において心眼は当然無理であり、現象面を眼で見、有効打突やその他総合的なものを正しく審《つまび》らかに見極めるようにしています。一本の価値基準を追求するのが剣道であり、審査も試合審判も見る目は同じものです。

受審者は、全日本剣道連盟の剣道段位審査規程をよく理解した上で七段、八段に挑戦していただきたいと思います。段位審査規則の付与基準には、「七段――剣道の精義に熟達し、技倆円熟なる者」と定められており、技倆秀逸なる者」「八段――剣道の奥義に通暁し、成熟し、技倆秀逸なる者」と定められております。六段から八段の審査では、初段から五段までの条件に加え、さらに高度な総合的技倆が求められます。理合、風格、品位などの具体的基準が明確に示されていますが、それらをすべて備えられ、合格された方が七段、八段の人であります。

七段位は一般の最高段位として、八段位は専門家の域であるという認識のもとに、厳しい修錬が望まれます。風格、気位は生まれながらに身に付いているのではなく、心身の厳しい修錬を積んで備わってくるものです。

およそ二分間で実力を表現することは容易ではありませんが、自分は必ず審査員の目を釘付けにしてやる、という自信と気概が欲しいものです。自信は基本に忠実な稽古をやり通した裏付けでなければいけません。受ける段位の実力を持ち、また、短時間で表現できることが合格の秘訣であると考えております。

気位の高さが感じられるか

位の高い人の剣は、尊い威厳が感じられます。対峙しても心身の萎縮のみでなく、打たれて「参りました」と、本当に心から敬服できるものです。そういった剣遣いが審査員の心を打つのでしょう。私の経験談を供し、参考にしていただければと思います。

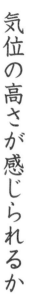

兵庫県警剣道特練員として入部三年目と四年目に、一週間の東京遠征合宿が二年連続で行なわれたことがありました。私如きが申し上げるのは恐縮ですが、そのときの思い出のなかで、今も脳裏から離れないのは〝昭和の剣聖〟として名高い持田盛二先生に、早朝稽古でお願いしたときの話です。

私ども特練員は三十秒くらいの懸かり稽古をいただき、私どもの監督、副監督は先生に稽古をお願いされました。しかし、監督は順番待ちにおいてすでに呼吸が荒く、相互の礼のあと、蹲踞し立ち上がってからの掛け声も、日頃の強いイメージの監督、副監督ではありませんでした。

持田先生に関する逸話は多くの方がご存知であると思いますが、七段、八段をめざす先生方のなかには、持田先生の姿に接しておられない方もおられると思います。先生は、相互の礼も正しくなされ、蹲踞より立ち上がり、その気位の高さ、崇高さ、品位・風格ある立ち姿、構えは、今でも眼に焼きついておりますが、それは素晴らしいものでした。「お願いします」と言って、スーッと前に進まれて「面」をポン、また同じようにポンと二本立て続けに打たれました。若年の私には本当に不思議な思いでした。

持田先生の訓えのなかに、「打たずに打たれなさい」「受けずに打たれなさい」「避けずに打たれなさい」「力を抜いてやわらかく、敵と仲良くおだやかに、姿勢は美しく、匂うが如き残心を」という訓えがあるそうですが、あのときの持田先生の気位の高さ、立ち姿から自然に発する気迫というものは、きっと凄かったものと推察できます。

若い時分は稽古と試合をこれでもかと行ないました。「打って勝つ」の思いで、さかんに打ち込んで勝利を得ようとしていたわけです。「勝って打て、打って勝つな」という教えは、師と仰ぐ鶴丸壽一先生のご指導の中に現れていました。私が四十歳くらいのときに「剣道を見直せ」と注意を受けました。攻めて、攻めて打って勝つ、という稽古法がもっぱらでした。遠間からの速い打突で、面打ちを主としながらも出小手を得意としていました。また、相手が打ってくれれば間合を切る、といった試合に準じた稽古を続けていました。

八段受審の三年くらい前の稽古時に、突然稽古を中止され、激しい口調で「いつまで同じ稽古をしている。三年後の八段受審は諦めろ！」と凄い剣幕で怒られました。具体的な教えは一切ありませんでしたが、基本に則った稽古や「心の剣道」、気の攻め、攻め返しの攻め合いを大事にして稽古をしろ、剣道での「気」の重みを知れ、という教えだったと思っております。

その後も悩みの連続で、先生の言を忠実に守り、県警の若い選手を相手の稽古では、動き、技の速さにポンポン打たれる毎日でした。礼、蹲踞、立ち上がり時より「気」の充実をもって、構え、剣先に気迫がこもるよう心がけ、相手の中心を絶対に外さない、気の攻め、剣の攻め、体の攻めの稽古に精進しました。

とくに低段者には心ゆるめず、攻め入って相手の技を引き出し、機会を捉えての応じる技を中心に稽古を行ない、日曜日の連盟稽古会では、上の先生方に基本に則った稽古および「気」で押されない稽古を中心にお願いしました。

範士三浦経一先生には、気で攻めて打つ機会を捉えさせてもらい、ご自分の身体を挺しての面打ちの打ち切りをもっぱらに、徹底してご指導いただきました。

また、同僚である鈴木康功先生には、以前より厳しい攻め、攻め返しの互格稽古をお願いしておりました。私より一年前に八段に合格され、爾後の稽古では、攻め入るに攻められない剣道に「さすがに八段の剣道は……」と気位の高さを感じさせられました。鈴木先生との稽古は、本当に活きた稽古がお願いできたと感謝しております。

剣道は、機会を重視しタイミングを捉えて、相手の隙を打つもので、単なる打ち合いでどんなに激しい技の出し合いをしても徒労に終わることがあります。姿勢よく、気の充実をもって相手の隙を打ち、多少軽くてもバクッ、バンの響きある「冴え」ある技は、目を見張るものがあります。気勢、体勢、剣勢をもっての一拍子の打ち切りを心がけたいものです。

剣道は昔から実戦を通して、術から道への変遷がありました。「心を以って、心で打つ」道の探求と、我が師鶴丸壽一先生の訓でもある「剣無涯」を胸に、命尽きるまで生涯剣道をめざしたいと思っております。

躍動的な剣道か

小髙終八郎 範士

こたか・しゅうはちろう／昭和13年1月19日、大分県生まれ。大分高校在学中に徳丸武彦範士に師事し、大分県代表として国体に2年連続出場。昭和31年卒業後、三重町に帰り、成田三吉郎先生に指導を受け、第1回全九州段別選手権三段の部に出場する。32年3月、自衛隊に入隊。以後、北海道に渡り、滝澤栄八範士に師事し、平成3年に退職。全日本選手権大会、都道府県対抗、全日本東西対抗、国体、明治村剣道大会、全国八段選抜戦出場など。現在、㈶北海道剣道連盟参与、全国自衛隊剣道連盟参与、北海道登別市剣道連盟会長、胆振支庁管内剣道連盟連絡協議会会長。平成5年剣道八段、同17年剣道範士。

構えに勢いがあるか
合格する方の剣道はどこが際立っているかというと、ズバリ練った稽古を積み重ねてきたかどうかに尽きると思います。

昇段審査はこうすれば受かる、という法則などはありません。己れの姿ありのままを見ていただくのが審査です。恩師である滝澤栄八範士（武専二十六期生）に「普段の稽古も試合も審査も同じである」と教えていただいたことがあります。稽古自体に「普段の稽古」と「昇段審査用の稽古」など分けて取り組むと、「こうすればよい」という「かたち」にとらわれるおそれがあります。

打突の機会をとらえる感性は、練り上げた稽古によって磨かれます。剣道は格闘技です。相手は、自分が稽古したときのセオリー通りに動いてはくれません。相手が誰であっても、どのような剣風の方でも、出ばな技、すり上げ技、抜き技など、機会に応じて適確に技を出さなければいけません。こういった技は、かたちにとらわれていてはできないものです。

練り上げた稽古を感じさせるような、臨機応変な動きのできる、躍動的な剣道を期待しております。盆栽にたとえれば、六段以上の全国審査を受審する方たちは盆栽のかたちがすでに出来上がっております。その盆栽をどのように個性あふれるものにするのか。かたちを整えすぎれば、小さな盆栽になってしまいます。躍動感やスケールの大きさを感じさせるものであって欲しいものです。

まず、立合で審査員が見るのはその人の構えです。有効打突の条件にある「適正な姿勢」とは「姿」という見た目の美しさ、「勢い」という精神的な充実、旺盛な気力のことを指します。その両方がなければ、活きた構えとはいえないでしょう。

勢いのある構えは、つくった姿勢では生まれてきません。かたちばかりの稽古では、相手には攻めが伝わらず、打ち合いになれば崩れてくるでしょう。相手に隙があればすぐさま打ち込み、また、相手が打ってきたならばすぐさま返すことができるような、勢いの感じさせる構えでなくてはいけません。

美しさも高段位には求められるところです。とくに際立つのは後ろ姿です。蹲踞から立ち上がった際に、背筋がぴん、として勢いを感じさせると、印象が違うと思います。後ろ姿は自分では見ることができず、その分、その人の普段からの稽古に対する姿勢が見えやすいのです。

また、基本的なことですが、着装にも気を配りたいものです。高段位ともなれば指導者となるわけですから、そういった細やかな配慮にも気を配り、気品と風格を備えていただきたいと思います。

たとえば、定められた面紐の長さであるかどうかなど、基本的なところについては気になるものです。背中に剣道着の余分なふくらみ、だらしない印象になっていないかどうか、というところも見ております。私の場合は、剣道着の内側と背中部分に紐を縫いつけて身体を縛ることにより、着装時に、いくら動いても衿が乱れないように気を配りました。

服装態度がまず立派にみえるように配慮することは大事でしょう。

細やかな配慮によって、審査を受ける気持ちの強さが伝わります。付け焼き刃ではない、日々の稽古で身についた勢いのある姿勢を期待いたします。

技を出す前の段階を見ている

誰もが納得する一本の背景のひとつに、間と間合があります。「自分に近く、相手に遠い間合」を体得しなければいけませんが、それにはある程度の距離から攻めることが必要です。普段から、どこまで入ったら打てるのか、ということを認識していなければいけません。普段から弛まない稽古での裏付けのもと、打ち間をつくって打っているかどうかは、重要なところです。

仕かけて打つ技にしろ、応じて打つ技にしろ、一定の距離があってこそ打つ、あるいは返すことが可能です。距離が近ければ元打ちになってしまい、有効打突には結びつきません。

触刃から交刃の間合に入れば、若干の個人差はあるにしろ打つ段階であると思います。自分の打ち間に入ったら、相手が気づかない間に打つか、あるいはすかさず打突しなければいけません。

交刃の間合からさらに攻め合いをして打つことは、自分の打ち間を理解していない印象を受けます。立ち上がり、すぐに交刃の間合に入り、さらに間合を詰める受審者を散見いたしますが、それでは相手に攻めが伝わらないばかりか、打突の機会を与えていることにもなります。

そうはいっても、審査で距離感ばかりに気を取られれば、肝心の勢いがなくなります。つくった姿勢では打ち合いになったときに崩れてくるでしょう。勢いは、姿であり姿勢です。普段から勢いのある構えを心がけなければ、審査には反映しません。

自分の打ち間に入るまでに、表から相手の剣先を殺す、裏から相手の技を殺すといった、気迫を込めた攻めが要ります。そのとき勘が良すぎるとすぐに動いてしまうので、いわゆる「ため」が必要になるでしょう。

打突においては捨て切って打つことです。迷ってはいけません。よく、コップの水にたとえられます。コップをゆっくり傾けると、中の水は緩やかに下へ落ち、コップには一滴も残りません。しかし、一瞬だけ勢いよく傾けて元に戻すと、水は幾分か中に入っています。「少し残った」というその水が、残心です。

昔の先生方はよくコップを振る真似をしながら「『バッ、バッ』、これが残心だよ」とおっしゃいました。捨て切って打つ、その余韻で残心をとる。なおかつ、余勢のところで相手が向かってきたならば、その余力で対します。すかさず抜いて打つ、しのぐ、などの対処ができなければいけません。これは、事前の打突が捨て切っていなければ難しいでしょう。

審査ではわずか一分半〜二分間で自分の力を示せなければいけません。自分の打ち間を理解し、相手の動きに応じた一本は重厚な味わいがあります。短い時間内に完成された重厚な技前を見ています。

無理、無駄、無法は禁物 打つべく機会に打っているか

打突の機会をとらえるには、「打って勝つ」のではなく、「勝ってから打つ」ことを心がけなければいけません。柔道にたとえれば、技をかける前に、有利な組み手にすることと同じで、自分の有利な間合にし、有利に技を殺してから打つことです。

勝って打つには、まず三殺法の教えの通り、気を殺し、剣を殺し、技を殺さなければいけません。剣道範士九段菅原恵三郎先生は「無理、無駄、無法はだめだよ」と、よくおっしゃっ

ていました。また、打突の機会には出ばな、ひき際、技の尽きたところがありますが、的確にとらえなければ、審査員の心を打ちません。三つの打突の機会以外のところで技を出せば、無駄打ちになるでしょう。勝って打つためには、これらの段取りが必要なのです。

「相手の守りが強くて中に入れなかった」という受審者の声を聞くことがあります。剣風は相手によってさまざまですから、苦手な方と当たることもあるかもしれません。しかし、限られた時間のなかで攻め、有効打突につなげていただきたいと思います。

構えはいい、風格もある、申し分ないのだけれど何もできなかった、となれば評価の仕様がありません。かたちよく打つことを心がけるよりも、どのような機会であっても相手が来れば打ち返し、あるいは出頭、または仕かけて技が打てるような剣道に成長しなくてはいけません。

それには、稽古で剣道を練り上げることが大切になります。先生方から稽古をいただいた際の体験談を参考に供したいと思います。先生に稽古をお願いするときは、互格稽古ではなく、ほとんどが懸かり稽古でした。私はこの懸かり稽古で育ったと感じております。

故岡憲次郎先生からいただいた高野茂義先生の「稽古秘伝書」を熟読しました。

「剣道は姿勢が大切である。姿勢悪ければ剣道ではない」「姿勢、態度を正しくすること」「立ち上がるとすぐ右に回る人があるけれども最も悪い。足の親指だけでも前に出る気分大切なり」など四十九ヵ条の項目を常に念頭に置きながら稽古に励みました。

また、具体的な理想、目標をイメージしながら稽古することも大切であると思います。自衛隊に勤務してからは滝澤栄八先生に指導をいただきました。「相手の左側を抜けるような勢いを持たなくてはいけない」と、おっしゃった先生の剣道は、実に躍動的でした。当たらない場合は体当たりして次の動作にすぐに移るように教えていただきました。

先生の教えを踏まえ、遠間からの打ち切る打ち、大きな打ち、小さな打ち、構え、竹刀の持ち方まで注意しました。私は小柄な体格でしたが、まず小手打ちを稽古し、小手がきいたら面を打つようにしました。それも、ちょんちょん、と打つのではなく、ひとつひとつの打突が「パンッ」と快音が鳴るように、丁寧かつ冴えのある打突を心がけました。

楢崎正彦先生の「楢崎の面」と評された面打ちや、岡憲次郎先生が明治村剣道大会で優勝を決められた面打ちに憧れました。両先生が北海道はまなす国体のアドバイザーとして指導に見えられたときには一回の稽古に二回お願いしました。誰よりも早く面を着けて一番にお願いし、終わりの時間が近づいたころにもう一回並びました。これは必ず行なうようにしました。そうすると、先生方も私の顔を覚えて下さるようになり、一回目の稽古では懸かり稽古、最後は引き立て稽古をしてくださるようになりました。行列ができるにはそこに何かがあるからです。良師を選ぶことはとても大切です。自分の剣道の糧になったと、先生方には深く感謝をしております。

審査は己れの技量を評価していただく晴れの舞台です。普段の稽古の成果、練り上げた稽古によって得た躍動的な剣道を期待しております。

呼吸、構え、攻め、打突、残心までの構造を理解しているか

網代忠宏範士

あじろ・ただひろ／昭和18年2月19日、東京都出身。郁文館高校から日本体育大学に進む。高校では岡憲次郎範士、大学では阿部忍範士に指導を受ける。卒業後、東海大学附属高校の教諭を経て、東海大学体育学部助手となる。神奈川県にて菊池傳、倉澤照彦、有馬宗明各範士より指導を受ける。また、職場の上司井上正孝、橋本明雄両範士から剣道の学問的な指導を賜わり、現在に至っている。全国教職員大会、全日本選抜八段戦などに出場。現在、東海大学教授、全日本剣道連盟社会体育委員会委員ならびに同試合・審判委員会委員、神奈川県剣道連盟副会長、全日本学校剣道連盟常務理事。平成7年剣道八段、同17年剣道範士。

構えがよくなければ、どんなにいい技を打っても評価されない

有効打突に導くまでの技術の構造は、内的な呼吸をもとにして、構えからはじまり、攻め、打突、残心に至ります。この一連の流れを理解し、円滑に行なっているかどうかが、審査のみならず剣道の修行において重要であると思います。円滑に行なわれれば、技が自然に出たという印象になります。そういった動作は無理がなく、理にかなった打突動作といえます。反対に、技術構造を理解することなく、自分勝手に打突に走れば、動作に無理が生じます。まずはこの技術構造をしっかりと理解し、稽古に励むことが肝要ではないでしょうか。

昇段審査は、己れの剣道の高まりを審査員に評価してもらうものです。高まりがなければ審査は受かりません。八段審査なら、八段にふさわしい高まりをいかに積み上げてきたのか、審査員は見ています。その気の高まりを表現するほどの高度な剣道は、心気力一致した剣道を具現するための稽古を積み重ねることによって得られます。

心気力一致の「心」はその人が持っている精神面、「気」は気迫、「力」は竹刀を操作する力、体を前進させる力などを指します。これらがひとつとなったときに、素晴らしい技を出すことができ、気がついたときには有効打突になっています。その有効打突が決まった瞬間こそが「気合、剣の操作、体勢」が一致した「気剣体一致」です。

そのためには、まず構えです。正しい構えがしっかり身についていれば、構えそのものが攻めとなり、相手を崩しやすくなります。

また、審査において構えは最初に目につきます。立ち上がった瞬間ですから、審査員が注目するところです。

構えは変則的ではいけません。足幅が広い、肩が力んでいる、腰が引けている、半身《はんみ》であるといった悪癖をもっていた場合、その受審者がどんなにいい技を放ったとしても、審査員は好感がもてません。

よく「構えがおさまっている」と表現されます。偏りや力みなどの「ひずみ」がない構えのことです。構え方の特徴として、左拳を左半身に引き寄せている、手の内がかたい、などのひずみを感じさせない人は、自然体で、観ている側に美を意識させるような姿をしています。構えを練り上げていった成果が出ているのでしょう。

とくに、高段位の人は周囲の手本になる人です。周囲が自然と「あの剣道がいい」と感じ、真似をしてくれるような剣道をしなければいけません。教育は真似事からはじまります。強ければいい、といった自己流では評価はされません。勝負にこだわれば自分の得意技が打ちやすいような構え、ひいては崩れた構えにもなります。自分では一本を決めたと思ったのに評価がされないのは、原点である構えに悪いところがあるのかも知れません。

次のことは我田引水になりますが、東海大学奉職以来、ご指導をいただきました橋本明雄先生の教えです。先生は「基本打突の根本は一拍子の打ちにあり」と日頃から口が酸っぱくなられるほど、学生たちに教えられました。そして、いまどきの学生がやる一挙動と一拍子の違いを端的に示されました。一挙動とは足で蹴るのと同時にすぐ肘の屈伸で部位をとらえていく。要は振りがない、振りかぶり、振り下ろしがない。無論ためとしての呼吸がない。一拍子とは呼吸があって、ためておいて技に出ていく。肩を軸にして振り上げ、振り下ろしをしていく。そして腰を中心にして体を前に運ぶ。ためというのは、要は下丹田である。下半身の力がいかに大事か、重心の移動に呼吸がどれだけ必要か、これを橋本先生は説かれたわけです。

攻めから打突、残心までの一連の動作が円滑に行なわれているか

一本になる技には、構え、攻め、打突、残心までの一連の動作が集約されています。技が鋭く決まるのは、一連の動作が円滑に行なわれているからです。円滑な動作によって、一拍子の鋭い打突がうまれます。技が決まった場合、攻め口がどのようなものであったか、そこを審査員は評価しています。

三殺法にいわれる気を殺し、技を殺し、剣を殺す作業をしているかどうか。三つの攻めという言葉もあります。剣先で攻める、技で攻める、気で攻める作業をしているかどうか。有効打突の前に、まず攻めの研究をしなければならないでしょう。

もちろん、相手を攻めるだけではなく、相手の隙をとらえていなければ的確な機会で打ったとはいえません。三つの隙という教えには、心の隙、動作の隙、構えの隙がありますが、これらを三殺法の攻めを行なう中で意識をしながら無意識に打突しているかどうかが重要な

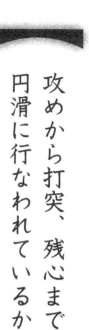

ところです。三つの隙は、具体的には出るところ、引くところ、技の尽きたところ、居ついたところ、受け止めたところ、といった打突の好機としてあらわすことができます。これらを的確に打っているかどうかも大切なところです。

出るところは、動作を起こそうとするところです。引くところは、相手が攻められて下がろうとしているところです。技の尽きたところは、技を連続で仕かけられ、その後、次の技に移ろうとしている瞬間などを指します。居ついたところは、攻められて苦しくなり、心の動きが静止したような状態のこと、あるいは動作の中で次の動作に移るとき、瞬間的に居つく状態があります。受け止めたところは、竹刀で技を受け止めようとした瞬間に、空いている部位を打つことです。これらを理解し、意識して稽古に取り組んでいるかどうかは、審査での立合に反映されます。

三殺法によって攻めつけ、相手がその攻めに負けまいとして技に出る、引こうとする、何かをしようとして居ついた、あるいは驚懼疑惑によって精神的に乱れた状態になる。そこに技を仕かけるのですが、ここでもうひとつ意識をする必要があります。

三つの先という教えがあります。崩して打つのか、技を起こさせて打つのか、引き出して返して打つのか。先々の先、(対の)先、後の先について、焦点をしぼっていかなければいけません。

出ばな技を打つためには、攻めて、苦しくなって思わず出ざるを得ない状況をつくります。先々の先の技を打つためには、攻めて相手に驚懼疑惑を生じさせれば、そのまま崩して打つことができます。後の先の技の場合は、動きの速い人、あるいは出たい気持ちが見えている人に対し、こちらが仕かけて攻めていくと打ってくる傾向にあるので、そこを引き出して、すり上げ、返し、抜き、などの動作で応じていく技を打ちます。

三殺法の攻め、打突の好機、三つの先を意識し、これらを合致させる稽古を積んでいけば、審査でも相手を崩し、有効打突に結びつけられるでしょう。全力で、これらをひとつに集約することです。全力で一本に集中して打つと、歯切れよく一本が決まります。残心が自然とうまれるはずです。もし、打突の動作が計算的であるならば、残心は意識してつくらなければならず、動作が円滑でなくなると思います。

審査についてのアドバイスを求められたとき、テクニックなどはなく、稽古の中でどうやったら相手を崩せるのかを考えれば、おのずと審査にも反映される、と答えています。七本、八本と技を仕かけていき、ようやく一本が決まるといった攻めでは、高段位としての評価は得られないでしょう。一本の打突が、確実に有効打突として認められるのが理想的です。一本を打つのなら、絶対に決めるのだ、という覚悟が求められます。そういった覚悟をもって日々の稽古に臨んでいるかどうかが、審査では問われてきます。

審査の前日はよく眠れ　相手はともに合格をめざす協力者である

審査当日、受審者の心境は極度の緊張に包まれていると思います。会場入りし、立合の瞬間には興奮度は極度に達します。受審者の方には「前日、夜十時には床に入り、翌朝六時に目が覚めるような心境になれば受かる」と言っております。緊張をいかにやわらげるかが、己れの力を最大限に発揮するためのカギになると思います。私の八段受審の体験談を参考に供したいと思います。

当時の八段審査は年に一回、受審資格は四十八歳以上と定められていました。私はその五年前から審査会場に足を運び、自分なりに対策を考えました。前の年の四十七歳には当日の模擬行動を行ないました。「審査会場には朝八時に入り、八時三十分からの受付に臨む」などです。着替え場所の確認、準備運動の場所と時間の配分から、審査を終えたら着替えて食事する、など細かく分析しました。

四十八歳の審査当日、前年と同じ行動を取ろうとしました。しかし、できませんでした。前の晩、緊張のあまり一睡もできなかったからです。我慢できず、朝六時過ぎに審査会場へ入りましたが、すでに五十人は集まっていました。

ぼんやりしながら、神経だけが苛立っていました。意外にも一次審査は合格しました。しかし、昼食をとる元気もなく、横になろうとしたところ、先生方がいろいろなサジェスチョンしに来て下さいます。それも計算に入れていませんでした。立合のイメージをしましたが、裏目に出ました。計算した攻めはうまくいきません。二次審査は不合格でした。

もう一回やり直そうと思い返し、基本を重点的に行なうようにしました。私は五十二歳で合格するまで、一次審査に通ったのは合計で四回です。五十一歳の秋、はじめて東京で審査が行なわれましたが、そのときも二次審査で不合格でした。手ごたえはつかんでいましたが、もう一本取りたいという欲が出て見事に打たれました。

つかみかけた、と思った瞬間に欲が出てしまったことへの反省から、立合の相手は敵ではないと感じました。相手はともに合格をめざす協力者であるということ。己れのみが合格しようとするのではなく、お互いが本当に良い剣道を審査員の前で演武しようとする姿勢が大切である、と考えるようになりました。

合格した際は、四十六歳の受審者もいて、勢いよく打ち合う、華やかな剣道を披露していました。しかし、自分がめざしてきた一本に賭ける剣道を貫こうと一本に集中し、合格させていただいたと思います。二次審査ではお相手の方が立合のときにはわからないほど集中していました。

恩師の岡憲次郎先生から「自分の気持ちを剣先に集約させろ」というお話をいただいていましたが、普段なら集中させようと思うあまり居つくことが多かったと思います。しかし、このときには相手に対して自分の気持ちを伝えていくことのみを考えていました。自然と、蹲踞から立ち上がった瞬間から気持ちが集中していました。このような状態であるからこそ、いい立合を表現できたのだと思います。

最後は心気力一致です。かたちがあるものとないものが、一つとなって表現されます。これが事理一致です。ところが岡先生からは「これから八段となれば事理相忘をめざさなければいけない」という言葉をいただきました。「事理一致とは所詮、個の世界である。剣道修行者の究極の目的は、事を超え、理を超え、全の世界いわゆる社会のため剣道を生かさなければならない。これが剣道人の面目である」と。

いやはや大変な言葉です。浅学非才な私にはとても岡先生のようにいきません。しかし、なんとか及ばずながらでも、この師の言葉を生涯追いかけていく覚悟は持ち続けたいと思っています。

図らずも範士をいただき、講習会等で後進の指導も多くなりましたが、自分もまた講習生であるということを肝に銘じ、剣道修行を心がけております。

気と位で攻め、相手を崩して
その機会を逃さず打ち切ること

宮川英俊範士

みやがわ・ひでとし／昭和18年12月8日、兵庫県生まれ。福岡県太宰府市学業院中学入学後、神武館で竹刀を握る。筑紫中央高校から福岡大学に進み、卒業後、福岡県警察に奉職。大学では金子誠、警察奉職後は久保博人、岡憲次郎、村山慶佑、岩永卓也、野田不二雄各先生に師事する。全日本八段選抜大会、全日本東西対抗大会、都道府県対抗、国民体育大会などに出場。現在、福岡県警察剣道名誉師範、福岡県剣道連盟審議員・常任理事、桜武館名誉館長。㈱たいよう共済勤務。平成6年剣道八段、同17年剣道範士。

着装は襟首袴腰になっているか
礼法の前から審査は始まっている

七段、八段といった高段位は、全国的にはもちろんのこと、それぞれの地域においても最高段位の指導者としての姿勢、態度およびその真価を問われることになります。私は、審査においては、これらの点を十分に考慮して合否の判定をしております。

そこでまず注目すべき第一の点として着装および礼法を挙げたいと思います。

昔から「その人の立ち居振る舞い（姿・形）の中にはおのずから備わっている品格というものが自然と表れるものである」といわれております。

たとえば剣道衣・袴の着付けであれば「襟は首、袴は腰の位置」で身につけているでしょうか。袴はたとえ新しい物でなくてもいいから、洗濯されており、袴の襞《ひだ》がきちっと付いている状態のものを用意しているでしょうか。また、剣道具も正しい位置に着装されているかどうかも問われます。面や胴の紐が途中で解けるようでは言語道断です。

このような姿で実技審査に臨むわけですが、控えの位置より立礼線に出ていくところから審査はすでに始まっているといっても過言ではないのです。相手と対峙してからが立合のスタートではありません。

「相互の礼から、互いに三歩進み出て蹲踞から立ち上がって最初の一声（気合）が出る」。ここまでの動作がよどみなく行なわれていない人は、その後は推して知るべしだと考えております。

己れの修行の成果を披露する審査は、いわゆる「一世一代の戦場」であります。戦場へ赴くのに、相手と向かい合ってから気持ちをつくっていたのでは遅いです。審査時間は七段審査なら一分三十秒、八段審査は二分です。立ち上がりから気持ちをつくっていては、一、二分程度はあっという間に過ぎてしまいます。

控えの位置で、立合の順番がまわってくるまで、じっと気を高め、出番がきたときにはいつでも打ち込める心境でいなければならないでしょう。立合の直前に戦う態勢を整え、自分を追い込まなければいけません。

立ち上がりの動作は、審査員が一番目に付くところでもあります。自分の修行の成果を見てもらう場ですから、審査員の目を引きつけるものがなければいけません。「やるぞ、合格するぞ」という気持ちがあれば、それは所作から自然とにじみ出てくるものです。「様になっている」という印象の方は、そうでない方との違いが歴然としてあります。

そういった気迫に満ちた姿・形こそ、観る者を引きつけるような品位・風格がにじみ出ています。もちろん、こういった動作は普段の稽古で行なっていないとできないものです。「不断の稽古」を心がけていれば、そんなに苦労せずにできることではないでしょうか。

「不断」という言葉には日常をあらわす「普段」と、継続することを意味する「不断」の意味があります。毎日の修行を継続して努めていきたいものです。

元立ち稽古をやめて先をかけた稽古に切り替えよ

最初に申し上げたように、高段位の人は指導者としての立場上、人前で範を示すために一つひとつの技を実際にやってみせることが多々あります。そのようなときに「言っていることは正しいが、やって見せている内容がともなっていない」という評価をいただくようでは示範になりません。

一足一刀の間合からの基本打突が、人前で正確に行なえる実力を身につけていなければいけません。指導者として、万人の前で「面はこのように打つ」「小手はこのように打つ」と理想を示し、かつその通りに打てるかどうかが問われてきます。

そして、その姿・形が審査会場でも見せられるかどうかなのです。審査では、力量的にも同じ位の受審者が相手であり、しかもあの緊張した独特の雰囲気の中で演武しなくてはいけません。打突する姿・形を問われることになります。

受審される方々は「昇段審査では必ず面を打たなければならない」と考えておられるようです。面が打てればそれに越したことはないのですが……。立ち上がって構えてから打ち間に入るやいなや、お互いに「ヤーメン」「ヤーメン」と面を打ち合っては途中でぶつかってばかり。これでは一、二分はすぐに経ってしまい、気がつけば有効打突が一本もなく終わってしまうことになりかねません。技は、面だけではありません。小手もあれば胴もあります。

また、先《せん》を打つということは必ずしも相手よりも先《さき》にとび出すことではなく、相手を気で攻め、相手が居ついたらそのときは先に跳べばよいのです。また、相手がやみくもに打ってくれば、出頭を押さえ、返す、抜くという応じ技で対応すればよいのです。

審査では、技の種類にこだわることよりも、一本一本の技を気剣体一致した打突にすることが大切ではないでしょうか。

そのためには、日頃の稽古のあり方が重要であると考えます。まして七段以上を受審される方は、稽古の量という点では十分であると思います。ただ日頃の稽古では、そのほとんどが元立ちでの稽古が主になっているように感じます。

元立ち稽古では、相手が打ってくるところを抜く、さばくことは大変上手にやれますが、その反面、自分のほうから「先」をかけて攻撃していくことがおろそかになりがちです。しかし、審査では、その点を求められているのです。

気と位で攻め、相手の安定している心を崩して、その機会を逃さず「打ち切る」ことです。「打つ」ことは、自分の意思が加わることです。よく審査の後で不合格になった人が「自分の技があれだけ相手に当たったのになぜ落ちるのだろう」と言っているのを聞きますが、これは「当たった」のであって「打った」のではないのです。もし「当たった」のであれば、たまたま、あるいは偶然といった言葉がその前に付くでしょう。

打突は「打とう」という自己意思の表れから発せられるものです。その意思は、気当たりです。日本剣道形の七本目にその動作が表れていますが、胴を抜く前に、突く姿勢をみせ、「斬る」という気持ちを相手に伝えています。当てることが巧みな「強さ」と、基本にのっとった、打ち切る「強さ」ではどちらのほうが評価されるかは自明の理です。

稽古を積み、技を身につければ、あとは本番で無心になって臨むことです。相手と向かい合って構えた際に打突の機会と感じたら「打たれる」こと、「かわされる」こと、「抜かれる」かもしれないなどということを何も考えず、無心になって身を捨てて思い切って打ち切ることが大事です。

「山川の瀬に流るる栃殻も　身を捨ててこそ浮かむ瀬もあれ」という教えもあります。この打ち切る姿こそが審査では要求されますし、本当に美しい姿・形なのです。

これを求めて日々の稽古では「当たった」「当たらなかった」で一喜一憂することなく、正しく美しい打突の姿をぜひ追求していただきたいと思います。

素直な心で指導を受け入れたときにおのずと道は開けてくる

剣道は一朝一夕では上達しません。日々修行あるのみですが、稽古に臨む心構えによって大きく上達は左右すると思います。年齢に関係なく、素直な心を持って稽古に取り組むことこそが大事です。私の体験談を参考に供したいと思います。

平成二年、四十六歳のときに地元福岡で国体が行なわれました。私は代表選手に内定したのですが、その直前、アキレス腱断裂のケガを負いました。八段審査受審を控えてのケガだけに、試合に出る云々よりも、まず今後の選手生活について考えさせられました。

しかし平成四年、九州管区警察学校でご指導をいただいた村山慶佑先生のご紹介で、福岡の宗辰舘道場で稽古をお願いするようになったことが転機になりました。

宗辰舘道場は武専卒の金子宗利先生が私財を投じてつくられた道場です。稽古終了後、一人の老先生が突然、「あんた剣道何段ね？　ちょっと構えてごらん」と、おっしゃるやいなや「あんたそんな構えでよく七段受かったね」と、厳しいお言葉が返ってきました。その場で竹刀の握り方から構え方、足運びまでご指導いただきました。剣師岩永卓也先生との運命的な出会いであり、その日から徹底した面打ちの稽古でした。

福岡県警剣道特練員として修行を積み、それなりの自負があったものですから、失礼ながら反発心が起きたのも事実です。しかし、岩永先生がおっしゃった指導の一つひとつが本当のことであり、また、稽古をお願いしてもかすりもしないほど、先生はまた強く、説得力がありました。ですから、「先生のおっしゃるとおりだ」と、心底納得して稽古に取り組むことができました。

面打ちのみの稽古は二年間続きました。「先をかけた面打ちの稽古をしていれば他の技はいつでも自然と打てるようになるものだ」という教えでした。小手や胴に変化しようものなら「この年寄りが跳び込み面を打っているのに、いい若いモンが楽でいいね」と、辛口のお言葉を頂戴しました。

当時先生は六十三歳です。一回りの年齢差があるにもかかわらず、先に打たれるばかりでした。しかし、この稽古を続けたある日、先生の面金に当たったことがありました。ニヤッとされながら「打つ端がわかったやないか」と言われたことが嬉しくてたまりませんでした。自分のほうから先をかけて打突する稽古が充分にできました。二度目の挑戦で八段に合格できましたのは、これが多分に幸いしたのだと思います。合格したときの立合は今でも覚えております。気の攻防の後、思い切って面に跳んだところ、相手の方に、見事に胴を抜かれました。その後、今度は相手の方が面に跳んで来たところを、出小手を打ちました。その結果、両者が合格しました。

自分が今まで行なってきたおよそ三十年の修行を否定されたとき、素直な心でその教えを受け入れるかどうかは、私にとって大きな分岐点でした。偶然にも、良師にめぐり逢えたことは大変恵まれていました。我流の剣道では、「ああでもない、こうでもない」と、悩んでばかりだったと思います。

ご指導をしてくださる先生方は、本当に自分のためを思ってあえて厳しい指導をしてくださいます。ムッとせず素直な心で指導を受け入れたときに、おのずと道は開けてくると考えています。

剣道　審査員の目 3（新装版）

検印省略　
2007年10月31日　初版第一刷発行
2023年11月11日　新装版第一刷発行

編　者　「剣道時代」編集部
発行人　手塚栄司
発行所　株式会社体育とスポーツ出版社
〒135-0016　東京都江東区東陽2-2-20 3F
TEL　03-6660-3131
FAX　03-6660-3132
振替口座　00100-7-25587
http://taiiku-sports.co.jp
印刷所　株式会社デジタルパブリッシングサービス

落丁・乱丁本はお取り替えいたします。

ISBN978-4-88458-442-9 C3075　定価はカバーに表示してあります。